自我成长 遇见未来

中学生

生涯规划

与选课指导

刘 传 高玉真 主编

◆ 了解环境
◆ 科学选课
◆ 整合资源
◆ 合理决策

黄河出版传媒集团
阳光出版社

图书在版编目（CIP）数据

中学生生涯规划与选课指导 / 刘传, 高玉真主编
. —— 银川 : 阳光出版社, 2021.1
ISBN 978-7-5525-5773-2

Ⅰ . ①中… Ⅱ . ①刘… ②高… Ⅲ . ①高中生 – 职业
选择 – 教学参考资料 Ⅳ . ①G635.5

中国版本图书馆CIP数据核字(2021)第031759号

中学生生涯规划与选课指导　　　刘传　高玉真　主编

责任编辑　陈建琼
封面设计　鼎鑫工作室
责任印制　岳建宁

黄河出版传媒集团
阳光出版社　出版发行

出 版 人　薛文斌
地　　址　宁夏银川市北京东路139号出版大厦（750001）
网　　址　http://www.ygchbs.com
网上书店　http://shop129132959.taobao.com
电子信箱　yangguangchubanshe@163.com
邮购电话　0951-5014139
经　　销　全国新华书店
印刷装订　山东鹏升印务有限公司
印刷委托书号　（宁）0020247

开　　本　880mm×1230mm　1/16
印　　张　10.75
字　　数　160千字
版　　次　2021年4月第1版
印　　次　2021年4月第1次印刷
书　　号　ISBN 978-7-5525-5773-2
定　　价　65.80元

编者的话

生涯，从广义上讲是指人一生中依序发展的各种角色的总和，即从生到死一路走过的历程；从狭义上则是指与事业有关的人生经历。如果说人生是一场旅行，为了不虚此行，活得精彩，我们往往会必修和选修许多人生课程，而生涯教育课程无疑是其中的一门非常重要的必修课，也一直被视为学校教育中非常重要的环节。

"少年智则国智，少年富则国富，少年强则国强"，中国的发展和振兴离不开青少年的奋斗与支撑。通过生涯教育引导广大青少年积极思考未来的发展方向，唤起他们实现自身价值的渴望，把个人抱负与祖国未来紧密结合，让个人抱负在国家伟大复兴的实践中绽放光芒，是我们一代教育人应尽的基本义务。

然而人生道路虽然漫长，但是能用于成长和发展的时间并不多。曾经有人计算过，刨除日常繁杂事务，能用于学习、工作和个人发展的时间只有短短的8~9年，决定个人发展的关键阶段也仅有那么几个，比如高考、求职等。如果没有尽早对自己的人生进行合理规划，将可能改变整个人生的方向和结果。反之，一旦有了明确的人生理想和人生规划，你就会发现，那些曾经困扰着大家的"成长的烦恼"全都迎刃而解，同学们也会在追求人生理想的过程中享受到更多的成功与喜悦。

为实现学生综合素养的全面、个性化发展，适应我省高考综合改革，根据《山东省深化考试招生制度改革实施方案》《山东省普通高中学生综合素质评价实施办法》等文件的精神，德州一中紧跟先进教育思想，更新教育理念，结合我校学科优势和地域特色制定了本课程，用以确保生涯规划教育在我校扎实有效地开展，使我校学生能够更加科学地为自己的人生做出规划。

生涯规划课是一门集理论、体验、实践于一体的综合性课程，课堂形式丰富多彩，需要同学们密切配合、积极参与、理解感悟、体验贯通。本教材力求辅助大家跳出学习的单向度思维框架，同时力求排除单纯为文理分科或高考填报志愿的功利诱因，让同学们能够有机会"遇见自己"，重新认识自身，思考人生的价值和意义，找到未来发展和努力的方向。也力求通过这本教材的辅助，使同学们能够理解人生规划对自身成长和发展的重要意义，在探索与实践中逐步掌握科学的生涯规划方法，为自己的生涯发展做出科学、合理的规划，让自己在有限的人生旅程中活出特色，活出精彩，活出意义。

目 录

第一章　开启美丽新世界 ………………………………………… 1

第一节　寻找美丽新世界——认识生涯规划 ………………… 2

第二节　我的彩虹——生涯唤醒 ……………………………… 7

第二章　破解自我密码 …………………………………………… 12

第一节　遇见个性的自己——接纳真实自我 ………………… 13

第二节　探知性格的奥秘——我的职业性格 ………………… 21

第三节　发现兴趣的秘密——我的职业兴趣 ………………… 28

第四节　我的能力我的梦——我的职业能力 ………………… 35

第五节　探索核心价值观——我的职业价值观 ……………… 44

第三章　点亮高中生活 …………………………………………… 53

第一节　走近象牙塔——大学和专业认识 …………………… 54

第二节　定位风向标——大学和专业选择 …………………… 62

第三节　选课有规划——专业与学科探索 …………………… 71

第四章　初试生涯决策 …………………………………………… 83

第一节　放眼职业世界——职业认识与探索 ………………… 84

第二节　不做职业单相思——职业意向澄清与目标设定(大型活动课) …… 98

第三节　我的未来我做主——生涯决策与分析 ……………… 100

第四节　驰骋未来的追求——职业生涯报告(学科融合课) ……… 108

第五章　探究生涯管理 …………………………………………… 112

第一节　珍惜公平的财富——合理管理时间 ………………… 113

第二节　职场你我他——人际资源管理 ……………………… 119

第三节　职场同行——团队合作与社交礼仪 …………………………… 127

第四节　阳光总在风雨后——逆商与职场挫折 …………………………… 132

第五节　细节铸就成功——职业面试(大型活动课) …………………………… 141

第六章　提升生涯智慧 …………………………………………………………… 146

第一节　有一种情怀——创业精神与创业素质 …………………………… 147

第二节　我要的幸福——学会快乐生活 …………………………………… 154

第一章　开启美丽新世界

第一节　寻找美丽新世界——认识生涯规划

【生涯导读】

> 男怕入错行,女怕嫁错郎。
>
> ——中国谚语

或许你认为现在讲生涯规划还为时过早。

【生涯触点】

"长大后你想当什么?"曾几何时,被这样问的孩子中有不少人都会给出"想当科学家"之类的答案。但在成长过程中,这个问题却常常容易被遗忘。由于长期缺乏对自己兴趣爱好的关注,许多人在抉择时刻倍感彷徨与茫然,匆忙决定之后,往往发现兴趣、个性与专业、职业相去甚远。

"如果你不知道要到哪去,那通常你哪也去不了。"当我们对未来感到迷茫时,应该驻足,澄清思想,把自己当作一个公司来经营。看看自己有什么样的优势、资源,未来的发展方向在哪里,然后分析市场的发展趋势,考虑应该怎样和它匹配,最后制定策略采取行动。

这不仅是对自己的未来负责,更是对国家的未来发展负责。那什么是生涯呢?

【生涯认知】

生涯包含生活中各种事件的演进方向与历程,它统合了个人一生的各种职业和生活角色,由此表现出一个人独特的自我发展形态。广义而言,"生"即"活着","涯"即"边界",生涯是贯穿一个人一生的各种活动。

职业生涯是指人一生中的职业历程,即一个人一生中职业、职位的变迁及工作、理想的实现过程。职业生涯是人一生中最重要的历程,是追求自我、实现自我的重要人生阶段,对实现人生价值起着决定性作用。

生涯规划是对职业生涯乃至人生进行持续地、系统地计划的过程,即对自己未来的生活进行有目的、有计划、有系统的安排。也是在充分了解自己、了解外部世界的基础上采取的抉择与行动。

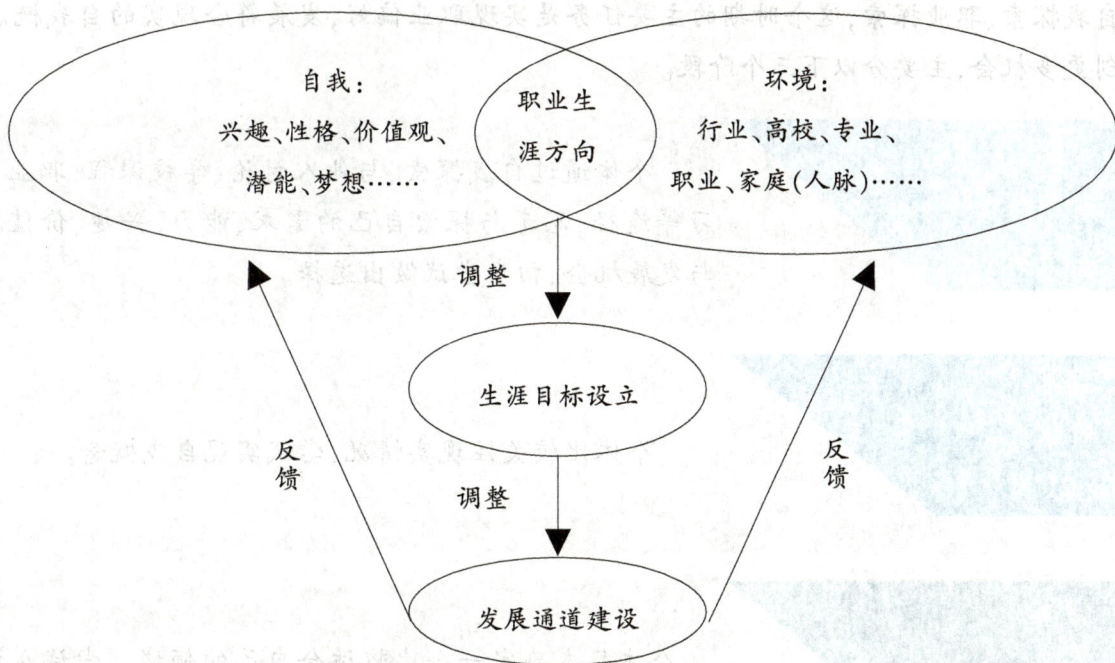

生涯规划的核心内容就是职业生涯规划,也称"职业规划"或"职业生涯规划",广义的生涯规划的内容主要有工作、学习、休闲、爱与家庭四个部分,表现为学业规划、职业规划、休闲规划、爱的规划。对大部分人而言,特别是高中生和大学生来说,职业生涯规划显得更重要一些。

高中生职业生涯规划是指高中生在了解自我和职业的基础上确定职业目标,制定计划,用一切可以利用的资源和条件,采取必要的行动来实现自己的职业目标的过程。

【拓展阅读】

人职匹配理论

人职匹配理论也叫特质因素理论,即以个人的个性心理特质作为描述个别差异的重要指标,强调个人的特质与职业选择的匹配关系,有三项原则。

第一,清楚地了解自己,即了解自己的性格、能力、兴趣、志向、界限,以及这一切存在的根据。

第二,了解关于职业上成功、利弊、报酬等的必要资格与机会,以及对各种职业所需要的知识、条件的预测。

第三,关于以上两项事实关系的合理推断。

高中生处于生涯探索期,我们的发展重点是在学校、休闲活动及社会实践经验中,不断地进行自我探索、职业探索,这个时期的主要任务是实现职业偏好,发展符合现实的自我概念,学习开创更多机会,主要分以下三个阶段。

试探阶段 15~17岁	个体通过自我探索、与他人讨论、学校课程、职业见习等途径,思考与探索自己的需求、能力、兴趣、价值观与发展机会,初步尝试做出选择。
过渡阶段 18~21岁	个体比较关注现实情况,尝试实现自我概念。
尝试阶段 22~24岁	个体基本确定一个比较适合自己的领域,尝试在该领域中找到可以维持生计的工作。

【生涯认知】

本课程能给你带来什么?

具体解决如下问题

1.认识自我

2.了解职业

3.认识大学和专业(指导填报志愿)

4.进行合理职业选择和素养修炼

课程安排

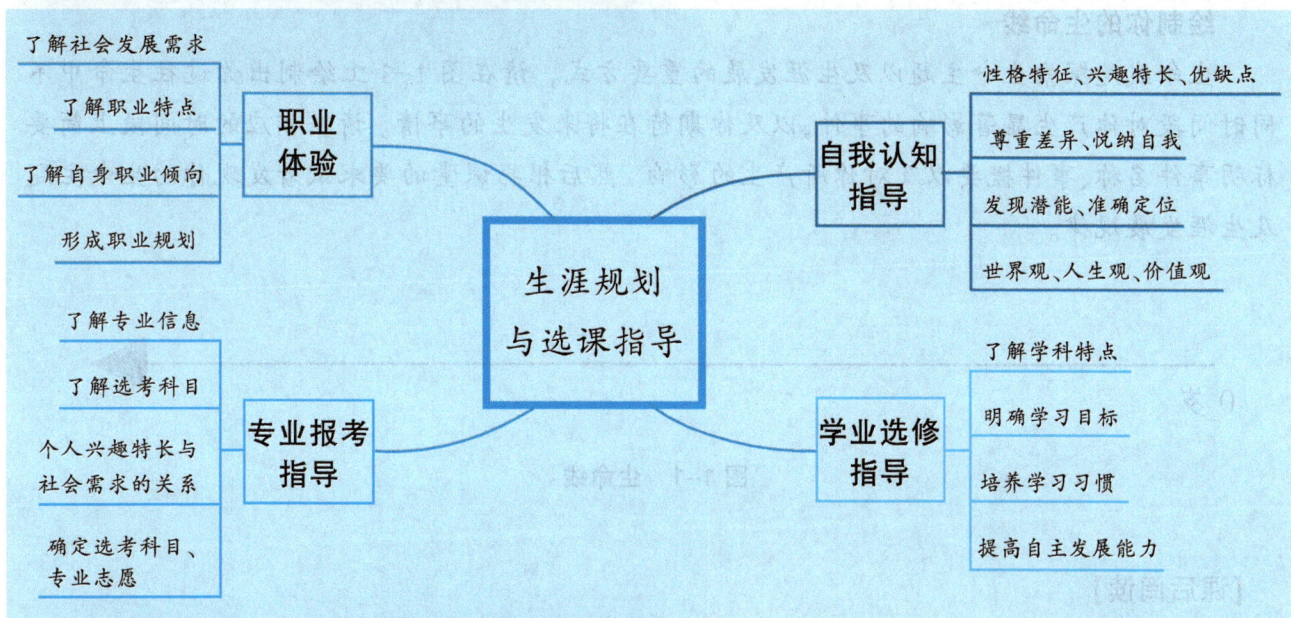

了解社会发展需求
了解职业特点
了解自身职业倾向
形成职业规划
职业体验

性格特征、兴趣特长、优缺点
尊重差异、悦纳自我
发现潜能、准确定位
世界观、人生观、价值观
自我认知指导

生涯规划与选课指导

了解专业信息
了解选考科目
个人兴趣特长与社会需求的关系
确定选考科目、专业志愿
专业报考指导

了解学科特点
明确学习目标
培养学习习惯
提高自主发展能力
学业选修指导

课堂纪律

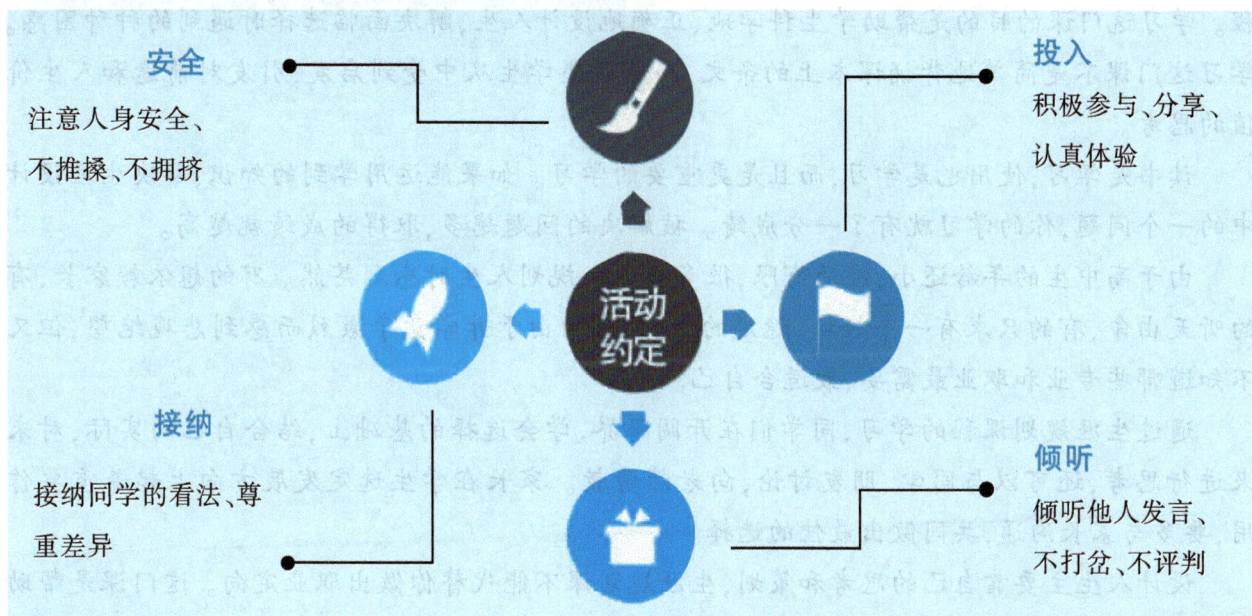

安全
注意人身安全、不推搡、不拥挤

投入
积极参与、分享、认真体验

接纳
接纳同学的看法、尊重差异

倾听
倾听他人发言、不打岔、不评判

活动约定

【生涯体验】

生涯是什么?

采取接龙的方法,以"职业生涯是……"为句首,依次传递下去,例如:

甲:职业生涯是一条曲曲折折的路,所以要谨慎选择。

乙:职业生涯是单行道,开过去了就很难回头了。

……

【生涯拓展】

绘制你的生命线

生命线是探索生命主题以及生涯发展的重要方式,请在图1-1上绘制出你过往生命中不同时间段对你产生显著影响的事件,以及你期待在将来发生的事情。请在相应的时间段上简要标明事件名称、事件概要以及对你所产生的影响。然后根据课堂的要求试着发现你的生命主题及生涯发展规律。

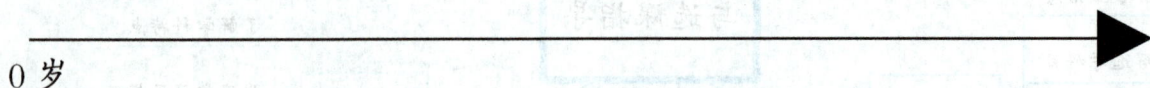

0岁

图1-1　生命线

【课后阅读】

怎样学好生涯规划课

生涯规划课虽然属于非考试科目,但它是一门与中学生的切身利益密切相关的实用性课程。学习这门课的目的是帮助学生科学地、正确地设计人生,解决面临选择时遇到的种种困惑。学习这门课不是简单地背诵课本上的条文,而是希望学生从中受到启发,引发对前途和人生价值的思考。

读书是学习,使用也是学习,而且是更重要的学习。如果能运用学到的知识,解决生涯设计中的一个问题,你的学习就有了一分成绩。被解决的问题越多,取得的成绩就越高。

由于高中生的年龄还小,经历有限,很多同学在规划人生时感到茫然。有的想依赖家长,有的听天由命,有的只求有一个轻松、稳定的工作,有的由于升学竞争激烈而感到悲观绝望,但又不知道哪些专业和职业最需要、最适合自己。

通过生涯规划课程的学习,同学们在开阔眼界、学会选择的基础上,结合自己的实际,对未来进行思考,还可以与同学、朋友讨论,向老师请教。家长在学生选定发展方向上起着重要作用,要多与家长沟通,共同做出最佳的选择。

设计人生主要靠自己的思考和策划,生涯规划课不能代替你做出职业定向。这门课是帮助你学会选择,把学到的知识转化为选择的能力,运用这种能力选定自己的发展方向,根据发展方向的要求努力完善自我,以实际行动做好升学和就业的准备。

今天,我们的祖国欣欣向荣,百业兴旺。这是我们成才的沃土,是建功立业的良好机遇。升学和就业的一扇扇大门向每一个有志气的振奋青年敞开。愿你做出明智的人生选择,为国家、为人民充分施展自己的才干,成就事业,度过有价值的人生。

——摘自《高中生生涯规划》科学出版社

第二节　我的彩虹——生涯唤醒

中国梦与青少年生涯规划

中国梦是国家的梦、民族的梦，也是包括广大青少年在内的每个中国人的梦。中国梦鼓励每个青少年树立远大的理想，并将自己的人生理想融入国家和民族的事业，在实现个人价值、成就人生事业的同时，成为中国梦的实践者和推动者。

我们应该积极思考和探索自己未来的发展道路，将个人理想抱负与中国梦紧密结合起来，勇于承担起实现中华民族伟大复兴的历史责任，珍惜韶华，努力进取，追逐属于自己的幸福人生，并成长为祖国的合格建设者和可靠接班人！

在日常生活中，我们每个人都要扮演者多重角色，如"子女""兄弟姐妹""学生""朋友"等，请想想，你这一生能够扮演哪些角色？

【生涯体验】

活动一：

在人生这场旅行中，我们扮演着许多不同的角色。为了能够了解人生规划，实现人生的价值，我们首先需要明确自己在不同人生阶段所要扮演的人生角色。如果用一个圆圈代表我们人生中的一个角色，看看我们一生之中会有多少个圆圈？

图1-2　不同人生阶段要扮演的角色

第一步：请在图1-2中画更多的圆圈并填写相应的角色。

第二步：将自己到目前为止已经扮演过的角色用红色笔圈出。

第三步：将那些重要性不会因岁月流逝而改变的角色用蓝色笔圈出。

第四步：每个人的角色是否有所不同？你的角色圈是什么样的？你填画时和填画完的感受

是什么?

　　每一个角色都是我们的人生财富!假设现在你要去大海航行,只能带三个箱子,每个箱子里只能放一个角色,请你选择三个箱子带走,它们会是:_____

_____。

　　现在,风浪袭击着你的小船,它已经不堪重负,为了减轻负担,你不得不丢掉一个箱子,你会先丢掉哪一个?风浪实在是太大了,你内心充满了挣扎,不得不再丢掉一个箱子,你会选择继续丢掉哪一个?

　　我最早丢掉的角色是:_____,因为_____

　　我再次丢掉的角色是:_____,因为_____

　　丢掉角色后,我感觉:_____

　　最后剩下的角色对我很重要,因为:_____

　　在我们所要扮演的众多角色中,有长久的,有短暂的,也有重要的,我们该如何分配自己的角色,又该付出多大的努力呢?

【生涯认知】

　　生涯也指一个人在一生中所扮演的角色的综合及结果。不同的颜色象征人在一生中扮演的不同角色,加起来便构成了一道彩虹。生涯彩虹图的横向层面代表横跨一生的生活广度,外层显示人生主要的发展阶段和大致年龄。纵向层面代表纵贯上下的生活空间,由一组职位和角色所组成,比如子女、学生、休闲者等。人的一生要经历不同的发展阶段,承担不同的生涯角色,职业、家庭和社会角色交互影响着。由此,构成了每个人独一无二的生涯彩虹图。

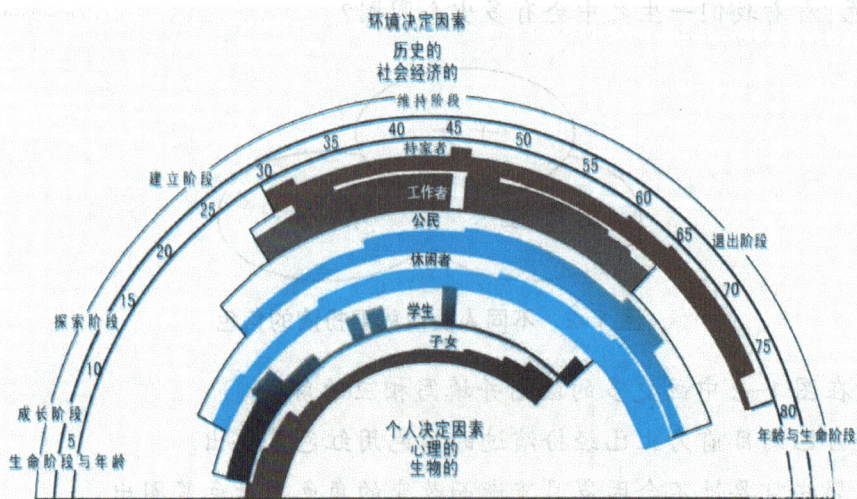

图1-3　生涯彩虹图

【生涯体验】

活动二：

如果把我们一生的生涯历程比喻成一道跨越天际的彩虹。七彩缤纷的颜色是我们一生中扮演的各种角色,无论天气如何变化,我们都能够主宰自己的生涯彩虹,让美丽永远照耀我们的心灵。请参照舒伯的生涯彩虹图,画出自己的人生彩虹图,让每个角色都为自己的人生添彩。

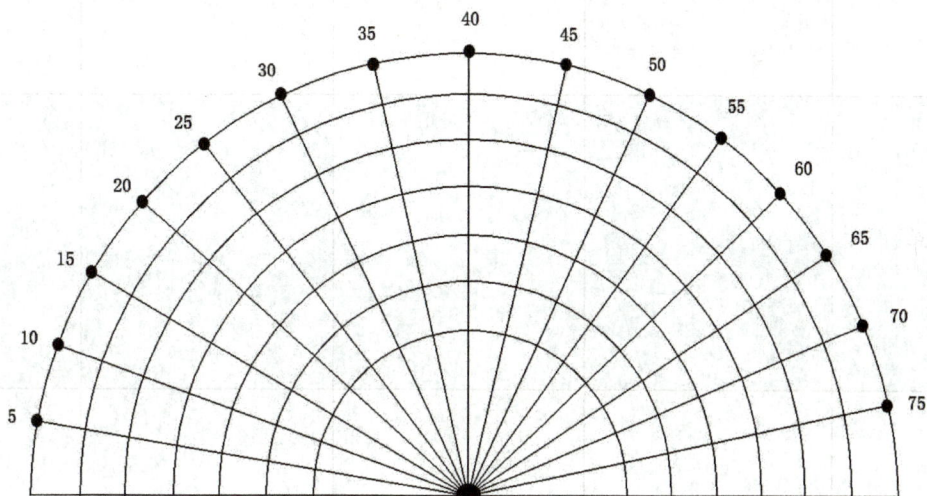

颜色：□ □ □ □ □ □

角色：(　　)(　　　)(　　　)(　　　)(　　　)(　　　)

图1-4　人生彩虹图

如图1-4所示,每一个阶段对每一个角色的投入程度可以用一种颜色来表示,颜色面积越多表示该角色投入的程度越大,空白越多表示该角色投入的程度越小。颜色的作用主要是对自身未来的各阶段进行调配,做出各种角色的计划和安排。在这个过程中,你可以回顾自己生涯发展中一些记忆深刻的经历、生活中重要人物对自己的影响、个人对某些重大事件的态度与感受,各个阶段所扮演的角色和个人目标间的差异,各种角色的分量以及自己对各种角色的理解,通过这样的绘制,发现未知的自己。

画完后,请将你的人生彩虹图和周围同学一起分享,看看你的人生彩虹图是否和别人的相同？别人的人生彩虹图对你有哪些启发？

【生涯体验】

活动三：

生涯彩虹图明确了我们目前正处在人生的成长与探索期。人生就是由一个个阶段构成的,在每一个阶段中,我们需要扮演不同的角色,承担不同的任务,也正是通过对这些角色的演绎和任务的完成,我们才会在人生的道路上不断发展与进步。

让我们一起来构思未来3年、5年、10年的人生发展之路吧。

表 1–1

人生 阶段	我的 角色	我在做的 主要事情	我希望 达到的目标	我现在 要做的准备
未来3年				
未来5年				
未来10年				

活动四：

　　每个人的生命旅程就像是不同车次的列车,经历不同的站点就代表经历不同的人生。梳理这条生命旅程可以让我们重拾过去生命的片段,设想与展望我们的未来,让我们理解自己,认识生命的意义,获得新的体验与感悟。

　　请在生涯时光列车的节点上标注出你认为重要的生涯事件,可以是重要的人生节点,如上幼儿园,上小学,上初中,上高中,上大学……也可以是让你感到骄傲或失落的事,或者某个榜样对你的影响,等等。请从出生开始,一直标注到生涯结束。在对应的轨道上写出该段历程的主要生涯内容,并用几个词语来概括这一生涯历程对你的影响。

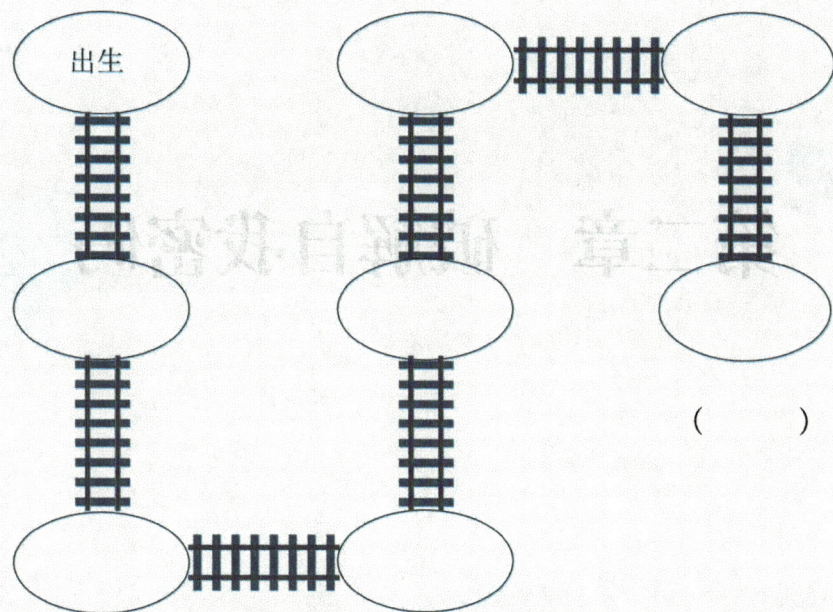

图1-5 生涯时光列车

思考与分享：

1.整体而言,你觉得你是一个怎样的人?你觉得对你最重要的人或事是什么?贯穿你生命的主题是什么?

2.如果为你的生涯时光列车命名,你会为它起一个什么名字?

请把名字写在轨道最后的括号里。

生涯就像一座无尽的宝藏,愈是深藏不露的,愈是无价之宝。唯有深入挖掘,破除迷障,才能获得至高无上的人生"真经"。从今天起,让我们一起开启生涯之旅吧!

【生涯拓展】

生涯启程宣言

从今天开始,我将加入生涯探索的队伍,等待我的是既有绮丽风光,又有神秘挑战的旅程。我将秉持信心、毅力和耐力,坚持按照计划进行探索与实践。同时,在一段时间过后,我将评估我的计划与选择是否正确,并及时加以修正,以便能顺利完成我的人生旅程。

愿我能在人生探索之旅中发现独特的自己,成长为更好的自己!

探索者：

见证人：

日　期：

第二章　破解自我密码

第一节　遇见个性的自己——接纳真实自我

【生涯导读】

　　每个人心目中都有一个无法回避的命题——认识自己。我是谁？我会管理自己吗？我的人格特质是什么？只有认识自己，才能在人生地图上找到自己的位置，勾勒出适合自己的生涯蓝图，展现自我风采。

【生涯触点】

怎样才是"做自己"

　　做自己，这对有些人来说，会是个大问题，每当他们坚持自己的选择时，总会缺乏底气，自我怀疑与自我批评是他们习惯性的态度。于是我们会碰到很多人，每当需要自己做出选择时，他们总会犹豫不决。

　　任何人在其成长过程中都会经历说"不"的过程。2岁左右的孩子，或者15岁左右的青少年，经常会说"不"，这是他们建立自我确定感的重要年纪。如果在这些阶段，当孩子反抗父母时，得到了父母的尊重与理解，那么，孩子便能幸运地建立起自我的确定感。相反，如果父母总是采取责备与批评的态度，那么孩子便学会了自我怀疑。以下是一些常见的不良教育方式。

　　"你怎么可以那样想！"

　　"这么点小事就哭了！你越哭我就越要打你！"

　　"你听我的话我就给你买玩具。"

　　"你实在是太任性了，怪不得周围的阿姨都不喜欢你。"

　　"你看你那么不听话，我都被你气得头痛了。"

　　或者从不对孩子进行肯定；面对孩子的创意或调皮，总是很不耐烦。

　　偶尔有这样并不会对孩子造成多大的伤害，但长年在这样的教育方式下，孩子便逐渐地形成自我怀疑的习惯。特别是当孩子的想法、情感、态度与父母或周围人产生冲突时，他们会不自觉地开始责备与怀疑，这使他们难以坚持自己的选择；或者即使坚持了自己的选择，也会被一种强烈的不安与内疚所左右着。于是，他们采取了习惯性的自我保护——顺从别人。冲突暂时得到了化解,内疚也消失了,但代价是逐渐远离了真实的自己。

远离真实的自己又会怎么样呢?

真实的自己是一些活生生的情感与想法,当这些真实的情感与想法得不到表达与回应时,或者当它们呈现出来时,却经常被批评与否定,这些情感与想法便被阻断了。这些被阻断的情感与想法并非会自动消失,而是被压抑了下去,压抑的情感会转化为抑郁或焦虑的心境,甚至转化为生理上的病痛。

所以迷失自己的人,不敢表现出真实自己的人,是容易抑郁的人,是最不开心人群中的一员。也许他们表面上是开心的,但内心是抑郁的。那些以过多的幽默来取悦别人的人,也是迷失自己的人,是抑郁症的高发人群。

在现实生活中有两种比较典型的迷失自己的人。一种是那些为了丈夫与孩子而自我牺牲的家庭主妇;另一种是那些将成功作为主要目标的人,为了成功他们甘愿迷失自我。

做自己并非那么容易,它意味着要承担失败的责任,要经历挫折,要敢于面对与他人的冲突。太多的人对于别人的攻击是缺乏应对的勇气与能力的,你好我好大家好,一团和气,但却牺牲了自己。太多的人对于真正意义上的独立是畏惧的,内在的强烈的不安使他们望而却步。所以做自己是每个人都要提升的方向,那些自我实现者是我们的榜样。

做自己并非以自我为中心,它是在尊重与理解彼此差异的基础上,也尊重自己的选择与判断。不会因为自己与别人的不同而刻意地委屈自己迎合他人,也不会完全无视他人的意见而我行我素,即所谓的"和而不同"。

一个迷失自我的人怎样才能做回自己?聆听内心真实的声音,表达内心真实的声音,当这些真实的声音得到了别人的尊重与理解时,那么一个人便有勇气做回真实的自己。所以,一段良好的关系,在关系中得到了充分的尊重与回应,是做回自己的一个途径。当一个人重新做回了自己,真实情感与想法的表达通畅了,内心的抑郁与焦虑也便会慢慢地消散。所以,做回自己的过程,也是一个人走向心理健康的过程。

【生涯体验】

活动一:我是谁?

你通常是如何看待自己的呢?你又会如何向别人介绍自己呢?在对这些问题的思考中往往隐含了你对自己的认知。请试着用不同的词汇或词组来描述自己(不限于名词、动词、形容词等),并填在以下圆圈内,看看你都能想到哪些自我描述。

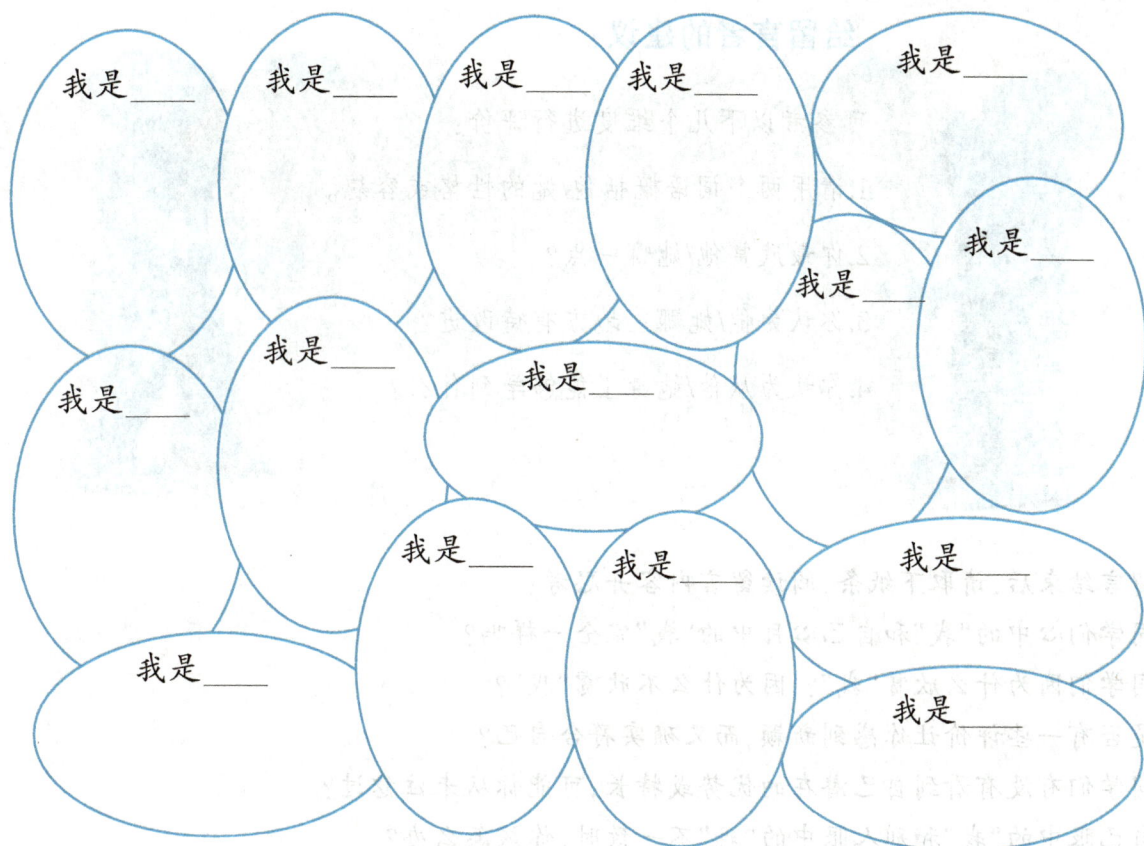

我是____　我是____　我是____　我是____　我是____

我是____

我是____

我是____

我是____

我是____

我是____　我是____　我是____

我是____

我是____

图 2-1　我是谁?

活动二:纸条留言

首先,请你在纸条上写下自己的姓名和想对留言者说的一句话,并把纸条贴在自己的后背上。然后,要求其他留言者根据对你的了解,写下你的优点、缺点,或对你的建议以及 TA 最想对你说的一句话。

规则:留言过程中不准摘下便利贴

当事人如下填写

姓名:

想对留言者说的一句话:

留言者如下填写

优点:

缺点:

建议:

最想对他说的一句话:

给留言者的建议：

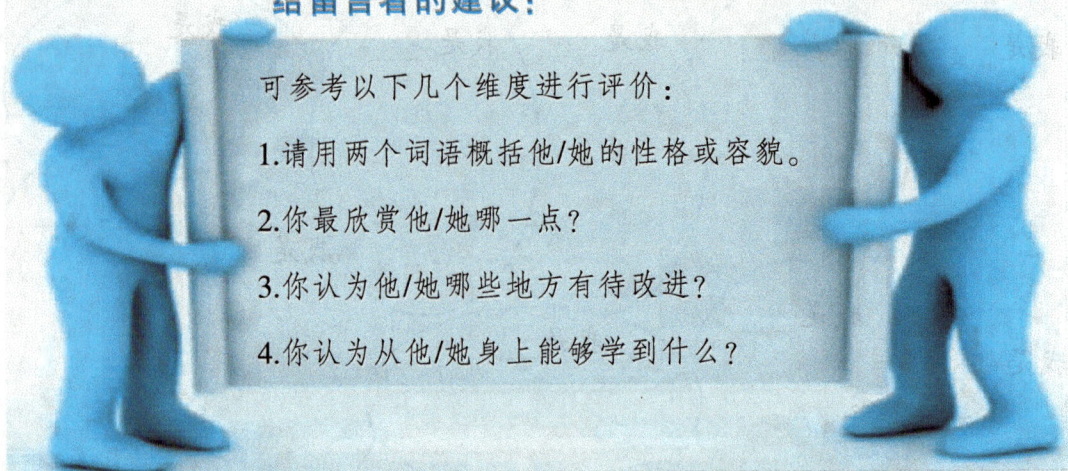

可参考以下几个维度进行评价：

1.请用两个词语概括他/她的性格或容貌。

2.你最欣赏他/她哪一点？

3.你认为他/她哪些地方有待改进？

4.你认为从他/她身上能够学到什么？

留言结束后，请取下纸条，阅读留言内容并思考：

同学们心中的"我"和自己心目中的"我"完全一样吗？

同学们因为什么欣赏"我"？因为什么不欣赏"我"？

是否有一些评价让你感到新颖，而又确实符合自己？

同学们有没有看到自己潜在的优势或特长，可能你从未注意过？

自己眼中的"我"和别人眼中的"我"不一致时，你该怎么办？

【生涯认知】

我们生活在一个多元的社会中，每个人成长在不尽相同的环境里，有自己独特的人格和需求。如何在纷繁的世界中做出明智的选择，找到自己喜欢并且适合的生活方式？《孙子兵法》有言："知己知彼，百战不殆。"同样，认识自己也是生涯规划的起点。每个人都是社会的一部分，通过认识自己，才能更好地认识他人和世界，才能做好关键的决策，最终让自己过上理想的生活。

认识自己需要从获取信息开始。获取关于自己的信息有哪些途径呢？

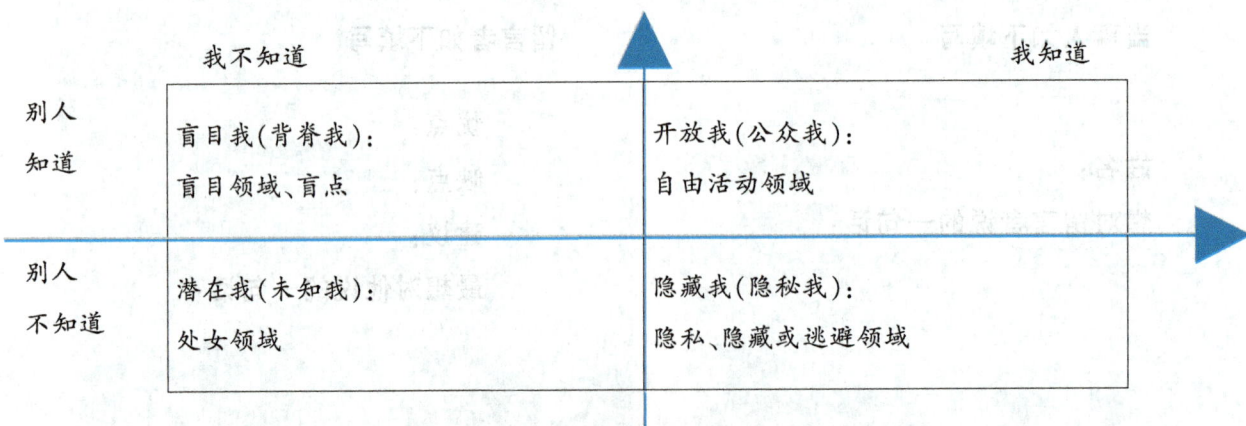

	我不知道	我知道
别人知道	盲目我(背脊我)：盲目领域、盲点	开放我(公众我)：自由活动领域
别人不知道	潜在我(未知我)：处女领域	隐藏我(隐秘我)：隐私、隐藏或逃避领域

图 2-2　自我意识的发现—反馈模型

开放区——开放我

开放我,也称"公众我",属于自由活动领域。这是自己清楚,别人也知道的部分,所谓当事者清旁观者也清。比如,我们的性别、外貌,比如某些可以公开的信息,包括婚姻状况、职业、工作和生活所在地、能力、爱好、特长、成就等。开放我的大小取决于自我心灵开放的程度、个性张扬的力度、人际交往的广度、他人的关注度、开放信息的利害关系等。开放我是一个人最基本的信息,也是了解自我、评价自我的基本依据。

盲目区——盲目我

盲目我,也称"背脊我",属于盲目领域。这是自己不知道而别人却知道的部分,所谓当事者迷旁观者清。可以是一些很突出的心理特征,比如有人轻易承诺却转眼间忘得干干净净;也可以是不经意的一些小动作或行为习惯,比如得意的或者不耐烦的神态和情绪流露,本人不易觉察,除非别人告诉你。盲目区可以是一个人的优点或缺点。因为事先不知道,所以当别人告诉自己时,或惊讶、或怀疑、或辩解,特别是听到与自己初衷或想法不相符合的情况时。盲目我的大小与自我观察、自我反省的能力有关,通常内省特质比较强的人,盲点比较少,盲目我比较小。而熟悉并指出盲目我的他者,往往也是关爱你的人、欣赏你的人、信任你的人(虽然也可能是最挑剔你的人)。所以,我们要学会用心聆听,重视他人的反馈,不固执,不过早下结论;要学会感恩,是他们帮助自己拨开迷雾。

隐藏区——隐藏我

隐藏我,也称为"隐私我",属于逃避或隐藏领域。这是自己知道而别人不知道的部分,与盲目我正好相反。就是我们常说的隐私、秘密,不愿意或不能让别人知道的事实或心理。身份、缺点、往事、疾病、痛苦、窃喜、愧疚、尴尬、欲望、意念等,都可能成为隐藏我的内容。相比较而言,心理承受能力强的人,隐忍的人,自闭的人,自卑的人,胆怯的人,虚荣或虚伪的人,隐藏我会更多一些。适度的内敛和自我隐藏,能给自我保留一个私密的心灵空间,避开外界的干扰,是正常的心理需要。没有任何隐私的人,就像住在透明房间里,缺乏自在感与安全感。但是如果隐藏我太多,开放我就变少,如同筑起一座封闭的心灵城堡,无法与外界进行真实有效的交流与融合,既压抑了自我,也令周围的人感到压抑,容易导致误解和曲解,造成他评和自评的巨大反差,成为人际交往的迷雾与障碍,甚至错失机会。勇于探索自我者,不能只停留在开放我的层面,还应敢于直面隐藏我。

未知区——未知我

未知我,也称为"潜在我",属于处女领域。这是自己和别人都不知道的部分,有待挖掘和发现。通常是指潜在的能力或特性,比如一个人经过训练或学习后,可能获得的知识与技能,或者在特定的机会里展示出来的才干,也包含弗洛伊德提出的潜意识层面,仿佛隐藏在海水下的冰山,力量巨大却又容易被忽视。对未知我进行探索和开发,才能更全面而深入地认识自我、激励自我、发展自我、超越自我。学着尝试一些全新的领域,挖掘潜力,会收获惊喜。勇于自我探索者,要善于开发未知我。

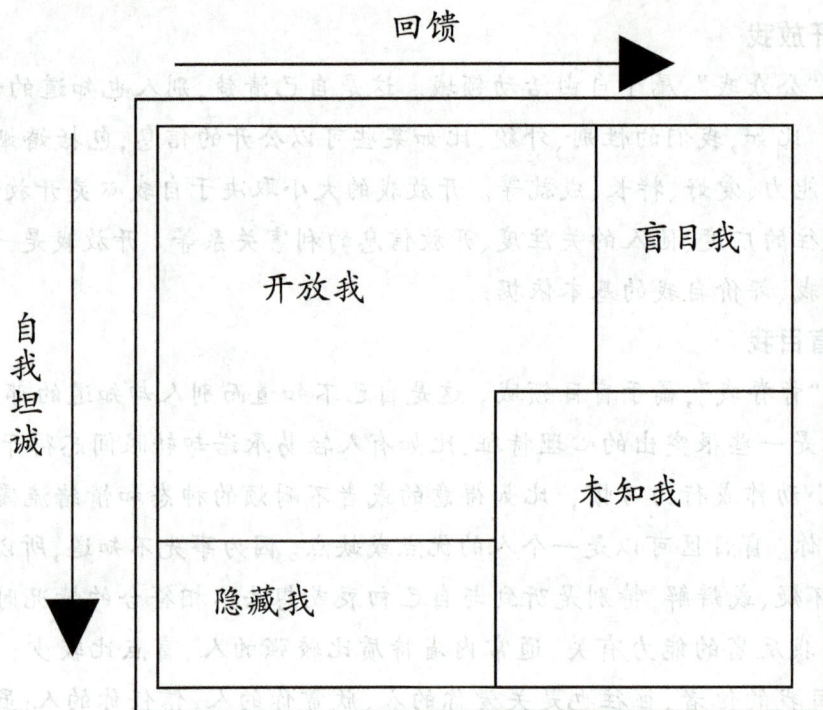

回馈

开放我

盲目我

自我坦诚

未知我

隐藏我

图 2-3

【拓展阅读】

在生涯规划中,认识自己是一个科学、系统的探索过程,内容非常丰富,通常可以从兴趣、能力、性格、价值观四个维度来展开。

"兴趣"关注的是"我喜欢什么"。兴趣是影响人们工作满意度、职业稳定性和职业成就感的重要因素,同时也是对职业进行分类的重要基础。当人们专心致志地从事某种活动,甚至忘我地完全沉浸在这种活动中的时候,他们感到最为愉快和满足。

"能力"关注的是"我擅长什么"。当一个人去做自己能力达不到的事情时,会感到焦虑并有挫败感。当一个人的能力远远超出任务的要求时,虽然能做好,却容易感到乏味、缺少挑战性。只有当一个人的能力和事情的要求相匹配时,最容易发挥自己的潜能,并且获得一种满足感。所以与其盲目攀比,不如找到自己的节奏。

"性格"关注的是"我适合什么环境"。每个人在成长过程中,受到遗传、家庭、教育、社会经验等因素的交互影响,会形成自己独特的性格。不同性格的人在不同的环境中会表现出不同的反应,例如外向的人会在聚会中如鱼得水,内向的人总在独处时乐得自在。了解自己的性格有助于掌握自己在不同环境中的表现,知道在哪些场合可以顺应天性,在哪些场合应该展现修养。

"价值观"关注的是"我重视什么"。价值是人们在考虑问题时所看中的原则和标准,在生涯决策中往往起到决定性的作用。对高中生而言,选择科目、专业、高校、朋友、时间规划等,都会被个人的价值观所影响。因此,了解自己的价值观,有助于我们确立学业目标、职业目标和生活目标,确定自己的发展方向。

【生涯体验】

别人眼中的你和你眼中的自己会有区别吗？邀请两位熟悉你的人(同学、老师、家长、朋友)填写下面的表格，然后对比自己的答案，看看有什么异同吧。

表 2-1

	( )眼中的我	( )眼中的我	我眼中的自己
兴趣			
能力			
性格			
价值观			

请将表 2-1 中的内容进行整理，填入下方空白区域，看看你的开放区、盲目区、隐藏区、未知区都是什么样的，想想之后可以做些什么改善。

	自己不知道	自己知道
他人知道		
他人不知道		

【生涯拓展】

生涯畅想

拿起纸笔,与那时的自己相见,在见面前,先深入思考以下问题:

1.我现在在哪里?

2.过去的经历对前往目的地有何帮助?现有什么资源?

3.我要去哪里?我想得到什么?

4.有什么时间限制?

5.我需要怎样做才能到达目的地?需要补充什么资源才能达到目标?

6.我如何知道自己已经达到目标?

7.要采取什么行动?

8.我要和谁讨论我的想法?

根据上述问题和生涯畅想的场景,填写生涯愿望卡。

表2-2　生涯愿望卡

我的未来	描述	实现要求
我未来的生活状态 (生活环境、生活方式等)		
我未来的工作状态 (工作名称、工作性质、 工作环境、工作收入等)		
我未来的家庭生活		
我未来的业余生活 (可以自由支配的时间、休闲方式 等)		
我未来的自我提升 (进修机会、自我学习等)		
我的社会贡献及声望 (取得的成就、社会评价等)		

第二节　探知性格的奥秘——我的职业性格

【生涯导读】

　　性格对个人生涯发展的影响是很大的。它影响着一个人的方方面面，包括工作、家庭、人际关系、休闲娱乐等。因此，了解并不断完善自己的性格，对未来职业的发展和幸福人生意义重大。

【生涯触点】

　　莫言说，给自己取"莫言"这个笔名，是希望自己少说话。

　　莫言原名管谟业，出身农家，性格直率，从小喜欢说话，尤其是喜欢不分场合地说实话。在特定的社会背景下，"爱说实话"的他曾经给家庭带来了许多麻烦，甚至让自己失去了读书的机会。可是，即便是饱尝了"祸从口出"之苦，他依然经常在各种场合说实话，可谓是本性难移。

　　年轻时，莫言在部队工作。有一天晚上他在办公室看书，一位老长官推门进去，看了一眼莫言对面的位置，自言自语道："噢，没有人？"莫言随即站起来大声说："难道我不是人吗？"把老长官说得面红耳赤、尴尬而退。莫言洋洋得意了很久，认为自己是个英勇的斗士。可是许多年后，当莫言在发表诺贝尔文学奖获奖感言说起这个故事时，他用了"深感内疚"这个词。

　　"莫言"这个笔名，代表着对自己的认识和管理。性格没有对错好坏，随性和任性之间只有一念之差，自己需要学会驾驭。直率会让自己很舒心，但也可能会伤及无辜。

　　也许是自己的经历，让莫言对人的性格有了深刻的认识，并影响到了他对文学的理解。谈到小说的写作时，莫言就曾指出，小说"要盯着人来写，贴着人的性格来写"。他认为小说里对社会现象的描述都只是"写人的背景"，而描写的事件应该符合人物性格本身的发展逻辑。他举例说："《西游记》里的妖魔鬼怪也都是有性格的，性格里边也有人性。"

　　在作品里，莫言正是凭借着对人物性格的深刻洞察，展开着震撼人心的故事。所以，瑞典文学院给莫言的颁奖词里出现了这样的评价："莫言笔下的人物充满活力……这个作者仿佛通晓并善于描述形形色色的人的生活，各种手工艺、冶炼技术、建筑、挖沟开渠、放牧和游击队的技

21

巧等,通过他的笔尖跃然纸上。"

莫言称自己为说故事的人。他深知,好的故事,要有人物,人物的灵魂,便是性格。他先读懂了自己,以便能够更好地去塑造故事中的人物。

【生涯认知】

气质与性格

气质是指典型的、稳定的心理特点,包括心理活动的速度(如语言、感知及思维的速度等)、强度(如情绪体验的强弱、意志的强弱等)、稳定性(如注意力集中时间的长短等)和指向性(如内向性、外向性)。这些特征的不同组合,便构成了个人的气质形态,它使人的全部心理活动都染上了个性化的色彩。气质类型通常分为多血质、胆汁质、黏液质、抑郁质四种,一般来说,具有典型的气质特征的人是很少的,三种气质的混合型也很少,多数人是近似其中某一种类型或者是两种类型的混合气质。

气质在人的实践活动中虽然不起决定作用,但有一定的影响。

表2-3 气质类型及特征

名称	特征
多血质	灵活性高,易于适应环境变化,善于交际,在工作、学习中精力充沛而且效率高;对什么都感兴趣,但情感、兴趣易于变化;有些投机取巧,易骄傲,受不了一成不变的生活
黏液质	反应比较缓慢,坚持而稳健的辛勤工作;动作缓慢而沉着,能克制冲动,严格恪守既定的工作制度和生活秩序;情绪不易激动,也不易流露感情;自制力强,不爱显露自己的才能;固定性有余而灵活性不足
胆汁质	情绪易激动,反应迅速,行动敏捷,暴躁而有力;性急,有一种强烈而迅速燃烧的热情,不能自制;在克服困难上有坚韧不拔的劲头,但不善于考虑能否做到,工作有明显的周期性,能以极大的热情投身于事业,也准备克服且正在克服通向目标的重重困难和障碍,但当精力消耗殆尽时,便失去信心,情绪顿时转为沮丧而一事无成
抑郁质	高度的情绪易感性,主观上把很弱的刺激当作强作用来感受,常为微不足道的原因而动感情,且有力持久;行动表现上迟缓,有些孤僻;遇到困难时优柔寡断,面临危险时极度恐惧

性格是指表现在人对现实的态度和相应的行为方式中的比较稳定的、具有核心意义的个性心理特征,它是一种与社会关系最密切的人格特征,性格中包含社会道德。性格表现了人们对现实和周围世界的态度,并体现在他的行为举止中。性格主要体现在对自己、对别人、对事物的态度和所采取的言行上。性格形成的因素很复杂,也很细碎,其形成的主要因素,主要体现在三个方面,分别是基因遗传因素,成长期发育因素以及社会环境的影响因素。性格的形成既有自身的因素,同时也有相应的环境影响。从这个角度分析,性格是可以改变的,需要大量量变之后的质变。

每个人都有自己的独特个性,也就是说每个人的心理特征不同,看问题、处理事情的风格、方式也不同,性格没有好坏之分,不是说外向一定就好,也不是说内向一定就不好。但不同的性格类型适合不同的职业,因此,在进行职业生涯规划时,性格通常是重要因素。

表 2-4　性格与气质的区别与联系

	性格	气质
定义	表现在人对现实的态度和相应的行为方式中的比较稳定的、具有核心意义的个性心理特征,它是一种与社会关系最密切的人格特征。性格表现了人们对现实和周围世界的态度,并体现在他的行为举止中	表现在人的心理活动和行为动力方面的稳定的个人特点。个体心理活动和行为的外部动力特点是个性心理特征中受先天的生物学因素影响较大的部分,气质的稳定性和可变性集于一身
影响因素	社会性较强;是在后天形成的,更多的是受到了社会生活条件的影响与制约	生物性较强,多受人的神经活动类型的影响
生理基础	后天条件反射系统	先天神经类型
稳定性	形成晚且容易改变	形成早且不易变
联系	性格在一定程度上掩盖或改造气质	气质影响性格的形成,影响个体对事物的态度和行为方式;气质可以按照自己的动力方式渲染性格特征,从而使性格具有独特的特点;气质影响性格的形成和改造速度

【生涯探索】

阅读下面的描述,选择在大多数情况下最像你的一个,选项必须符合最自然状态下的自己。代表你职业性格的四个字母是:(　　　)(　　　)(　　　)(　　　)

表2-5 性格测评表

第一部分:关于你精力的描述,哪一种模式更适合你,是E还是I?

E:外向	I:内向
喜欢行动和多样性	喜欢安静和思考
喜欢通过讨论来思考问题	喜欢在讨论之前先进行独立思考
喜欢采取迅速行动,有时不做过多的思考	在没有搞明白之前,不会很快地去做一件事情
喜欢观察别人是怎样做事的,喜欢看到工作的结果	喜欢了解工作的原理,喜欢一个人或很少的几个人干事
很在意别人是怎样对待自己的	为自己设定标准

第二部分:下面是一些处理信息的方式,哪一种模式与你更接近,是S还是N?

S:感觉	N:直觉
主要通过过去的经验处理信息	主要通过事实所反映出来的意义以及二者之间的逻辑关系处理信息
愿意用眼睛、耳朵或其他感官觉察新的可能性	喜欢用想象去发现新的做事方法、感受新事物
讨厌出现新问题,除非存在标准的解决方法	喜欢解决新问题,讨厌重复做一件事
喜欢用自己会的技能去做事,不愿意学习新的东西	不喜欢练习旧技能,更愿意运用新技能
对于细节很有耐心,但当出现复杂情况时则开始失去耐心	对于细节没有耐心,但不排斥复杂的情况

第三部分:下面是做决定的方式,哪一种模式更接近你? 是T还是F?

T:思考	F:情感
根据逻辑决策	根据个人感受和价值决策,即使它们可能不符合逻辑
愿意被公正和公平地对待	喜欢被表扬,喜欢讨好他人,即使在不太重要的事情上也是如此
可能会不知不觉地伤害别人的感情	了解和懂得别人的感受
更关注道理或事物本身,而非人际关系	能够预料到别人会产生什么样的感受
不太关注是否和谐	不愿看到争论和冲突,珍视和谐

第四部分:下面是你日常生活的方式,哪一种模式更接近你,是J还是P?

J:判断	P:知觉
预先制订计划,提前把事情落实和决定下来	保持灵活性,避免做出固定的计划
总想让事情按"它应该的样子"进行	轻松应对计划外和意料外的突发事件
喜欢完成一件工作后,再开始另一件	喜欢同时开展多项工作
可能会很快地做出决定	做决定太慢
按照不轻易改变的标准和日程表生活	根据问题的出现不断改变计划

【拓展阅读】

　　了解自己和他人的性格,除了通过日常的观察和沟通了解,还可以通过测评来实现。

　　所谓偏好,是指本能和自然状态下倾向的思考和行为方式。偏好没有高低优劣之分,只形成了人与人之间的不同。这种不同体现在四个维度上,每个维度上有两种倾向,每个人在每个维度上会有相对明显的倾向,四个维度上的不同倾向排列组合成16种不同的性格,如表2-6。

　　对照表2-6,了解自己适合的职业领域。

表2-6　性格特征和适合职业领域对照表

ISTJ	ISFJ	INTJ	INFJ
管理者、执法者、会计,或者其他能够利用自己的经验和对细节的关注完成任务的职业	教育、健康护理或者其他能够运用自己的经验亲力亲为地帮助(这种帮助是协助或辅助性的)他人的职业	科学或技术领域、计算机、法律,或者其他能够运用智力和技术去构思、分析和完成任务的职业	咨询服务、教学(教导)、艺术,或者其他能够促进他人情感、智力或精神发展的职业
ISTP	**ISFP**	**INFP**	**INTP**
熟练工种、技术人员、农民、执法者、军人,或者其他能够动手操作、分析数据或事情的职业	商人、健康护理师、执法者,或者其他注重友善、专注于细节的相关服务业	写作、咨询服务、艺术,或者其他能够运用创造力或价值观有关的职业	科学技术领域,或者其他能够基于专业技术知识独立、客观分析问题的职业
ESTP	**ESFP**	**ENFP**	**ENTP**
熟练工种、市场营销、商人、执法者、应用技术员,或者其他能够利用行动来关注必要细节的职业	教学(教导)、健康护理、教练、儿童保育,或者其他能够利用外向的天性和热情去帮助那些有实际需要的人们的职业	咨询服务、教学(教导)、艺术,或者其他能够利用创造和交流去帮助促进他人成长的职业	科学、技术、管理、艺术,或者其他能够有机会不断承担新挑战的职业
ESTJ	**ESFJ**	**ENFJ**	**ENTJ**
管理者、行政管理、执法者,或者其他能够运用对事实的逻辑和组织完成任务的职业	教育、健康护理或者其他能够运用个人关怀为他人提供服务的职业	教学(教导)、艺术,或者其他能够帮助别人在情感、智力和精神上成长的职业	管理者、领导者,或者其他能够运用实际分析、战略计划和组织完成任务的职业

【生涯链接】

有一句话叫"性格决定命运",真的是这样吗?其实这句话指的是当一个人完全凭自己的性格去行事时,会有固定的行为模式,而固定的行为模式通常导致特定的结果,而结果的堆叠就造成一个人命运的结局。但是,如果一个人了解了自己的性格特点以后,不再任性,或者说有意识地不完全由着自己的性格去行事,懂得在特定环境下学习别人性格上的优点,完善自己性格的不足,就可以做出更成熟的决策,从而突破"性格决定命运"的怪圈,将命运掌握在自己手上。

心理专家岳晓东:怎样完善自己的人格

人的成长过程就是不断了解自我、提升自我、完善自我的过程。在心理学上,人格泛指一个人独特的、相对稳定的行为模式,是适应环境的个人性格、气质、能力和生理特征。人们一般认为,人的性格是与生俱来的,是难以改变的。但实际上,人的性格是可以改变的,生活实践和理论研究都证明了这一点。人格完善就是对个人的性格特点取长补短。完善人格需要掌握以下十个重点:

1.挑战自我:要意识到自我完善的重要性。在生活中,别人怎么看你,怎么议论你,都照射着你人格的优缺点。对此,你只有不断挑战自己,方能完善自己。

2.树立信念:要树立一个信念。人可以通过有意识的培养与努力,改变自己的性格。

3.接受批评:要客观评价自己。有时人们容易骄傲,忽略别人给自己的意见和建议。可实际上,他人对自己的评价也许比自我评价更客观、具体。我们应该避免自我封闭,要信任他人,并谦虚接受别人指出的不足;应该有意识地扩大自己的社交圈,以得到更多人对自己的评价。

4.学习榜样:神交古人,结交益友,通过学习榜样来促进自己的成长。毛泽东主席曾言:"榜样的力量是无穷的。"人格的完善,需要不断地学习古往今来的榜样人物。

5.设定目标:要深刻地了解自己的优点和缺点,并设定目标,表达自己的思想情感,体验新的经历,通过在新生活中认识自己、发现自己等方法加深对自我的认识,完善自己。

6.付诸行动:要付诸行动。行动是改变自我、接近理想人格的最佳途径。尤其是最初产生自我完善想法之时,是最有行动动力的时候,此时应尽快行动起来。

7.自我监督:在行动中要善于监督自己。在行动之前,要战胜"这毫无用处""何必做呢""这是行不通的"等消极想法。这些想法会贬低自己的能力。

8.坚持不懈:在自我完善中,不断调整自己的进度,努力达到新的目标。要善于接受失败,在失败面前,要善于把抱怨变成目标。

9.自我开放:要保持思想开放。我们生活在一个日新月异的时代,信息和事物都在不断地更新,这就意味着我们要不断重新审视自己的人格,若发现有和这个时代不合拍的地方,就有必要采取行动进行完善。

10.自尊自爱:要学会接纳自己。虽然追求完美是好的,可是过犹不及,不应该盲目追求"完美人格",而应努力拥有一个"完整人格"。这就需要我们客观地认识自己,包容和接纳自己;增强自己的优点,改变自己的大缺点,接受自己的小缺点,并把小缺点变成自己的特点。

第三节 发现兴趣的秘密——我的职业兴趣

【生涯导读】

> 每个人都会对他感兴趣的事物优先注意并积极地探索。例如，对美术感兴趣的人，对各种油画、美展、摄影都会认真观赏、点评，对好的作品进行收藏、模仿。

【生涯触点】

一个人如果能根据自己的兴趣爱好去选择事业的目标，那么他的主动性将会得到充分发挥。即使十分疲倦、辛劳，也总是兴致勃勃、心情愉快；即使困难重重，也决不会灰心丧气，而是能想尽一切办法，百折不挠地去克服困难，甚至废寝忘食，如痴如醉。

因此，在选择长期、稳定的职业时，不仅需要知道自己有能力从事什么样的工作，更重要的是需要知道自己对哪类工作感兴趣。只有将兴趣和能力结合起来考虑，才更有可能规划好职业生涯。

回忆日常生活的点滴，自己做过的哪些事情是让你真正感到愉快的？周末不上课的时间，自己喜欢从事什么样的休闲活动？请列举出一些，并和同伴分享，归纳一下它们有什么共同特征。

【生涯认知】

怎么才能了解自己的兴趣呢？

首先，兴趣不等于特长。随着社会的快速发展，人们生活压力越来越大，父母和老师寻找各种机会培养我们的特长，以增加我们在未来应对激烈竞争的筹码。如有的同学擅长弹钢琴，有的同学在奥数方面初显天赋，有的同学善于运动等，但是这些不一定是你的兴趣。为了找到真正的兴趣和激情，请你扪心自问：对于某件事，你是否十分渴望重复做它，是否能愉快地、成功地完成它？是否总能很快地学习并掌握它？你的人生中最快乐的事情是不是和它有关？如果你的回答是肯定的，那么祝贺你找到了生涯发展中的原动力。

其次，主动寻找你的兴趣。找到兴趣的最佳方法是开阔自己的视野，尽可能接触更多的领域。如果你不了解自己的兴趣，可以通过图书馆、网络、讲座、朋友交流、参加各种校园活动等方式，接触不同领域的专家或朋友，寻找自己的兴趣爱好。或许，在尝试各种活动的过程中，你会遭遇失败的挫折，但是，你并不是绝对的失败者。因为任何失败都有成长的意义，你已经从中得到了教益,而且也会找到自己的兴趣所在。

　　最后,培养自己的兴趣。或许你对学校的功课不感兴趣,但是,作为中学生,目前最重要、最急迫的事情是把功课学好,这样你才能拥有一个更大更广的平台,即在大学广阔的天地中去学习真正感兴趣的专业。对未来的美好憧憬和期待,会激发你对学校功课的间接兴趣。

　　让兴趣成为我们学习的发动机,成为未来职业发展的助推力。

——摘自《生涯规划——体验式学习》北京师范大学出版社

【生涯体验】

　　假如你在大海中航行,看到了六个岛屿,它们各有特色。

S岛:居民个性温和、友善、乐于助人,互助合作,重视教育,充满人文气息。

E岛:居民善于经营企业和贸易,能言善辩。往来者多是企业家、经理人、政治家、律师。

C岛:岛上建筑十分现代化,岛民理性保守,做事有条不紊,善于组织规划。

A岛:弥漫着浓厚的艺术气息,很多文艺界的朋友来寻找灵感。

I岛:有很多天文馆、科技展览馆及图书馆。居民善于观察、学习,常和来自各地的哲学家、科学家、心理学家等交流心得。

R岛:岛民大多擅长手工活动,自己种植、修缮、打造器物、制作工具,喜欢户外运动。

图2-4

思考：

假如只有七天的时间，让你选择一个岛屿去度过假期，你会选择哪个岛屿？为什么？

假如你要在某个岛上度过一生，像那个岛上的岛民一样生活的话，你会选择哪个岛屿？为什么？它和你选择度假的岛屿相同吗？为什么？

请与选择相同岛屿的同学组成一个小组，讨论你们在兴趣上有哪些相同的地方？

如果还可以选择两个岛屿，你会选择哪两个？

【生涯知识】

美国心理学教授、职业指导专家霍兰德把人的兴趣分成六种类型，你做出的岛屿选择可能预示着你具有这个岛屿所对应的兴趣类型特点。

表2-7 霍兰德兴趣类型

类型	特点	适合职业举例	适宜专业
A艺术型	拥有语言、美术、音乐、戏剧、写作技能，有创意、敏感，擅长通过构思新方法来解决问题	广告文案策划、图书管理员、编辑、音乐指挥、广播电视播音员、歌手、设计师、导演、新闻记者	舞蹈表演、戏剧学、新闻学、广告学、编辑出版学、传播学、摄影、服装与服饰设计、音乐学等
S社会型	能够从事与人接近的工作，善于言谈，乐于与人相处、给人提供帮助，具有人道主义倾向，责任心也较强	体能教练、理疗医生、护士、心理咨询师、教师、助教、播音员、理财顾问、学校辅导员	教育学、学前教育、护理学、社会学、社会工作、治安学、市场营销、劳动与社会保障、人力资源管理、旅游管理等
E企业型（事业型）	具有说服、管理、监督和领导等技能，喜欢制订新的工作计划、事业规划以及设立新的组织，并积极地发挥组织的作用进行活动	保险理赔员、公关顾问、警察、经纪人、推销员、人力资源专员、会务后勤员、调度员、主持人	工商管理、市场营销、经济学、国际经济与贸易、财政学、金融学、保险、审计学、统计学、电子商务、公共事业管理、城市管理、国际政治等
C传统型（常规型）	喜欢高度有序、要求明晰的工作，对于规则模糊、自由度大的工作不太适应	银行职员、图书管理员、会计、出纳、秘书、税务员、办公室职员、审计员、速记员、监理	行政管理、公关文秘、图书馆学、人力资源管理、信息资源管理、会计学、档案学、资产评估等

续表

类型	特点	适合职业	适宜专业
R 现实型（实际型）	能够执行在处理物体、机械、工具、运动配备、植物或动物等方面需要机械能力、体力或协调力的活动	水电工、园艺师、测绘员、司机、制图员、维修工、安装工、摄影师、消防员、机械操作员、土木工程师	机械工程、运动训练、土木工程、地质学、考古学、材料学、测绘工程、消防工程等
I 研究型	能够执行需要观察、评估、分析技能的活动，以便解决问题	外科医生、牙医、网络工程师、计算机程序员、临床助理、药剂师、财务分析师、实验员	数学、物理学、化学、天文学、临床医学、心理学、生物科学、信息工程、程序设计、航空航天工程、地质学等

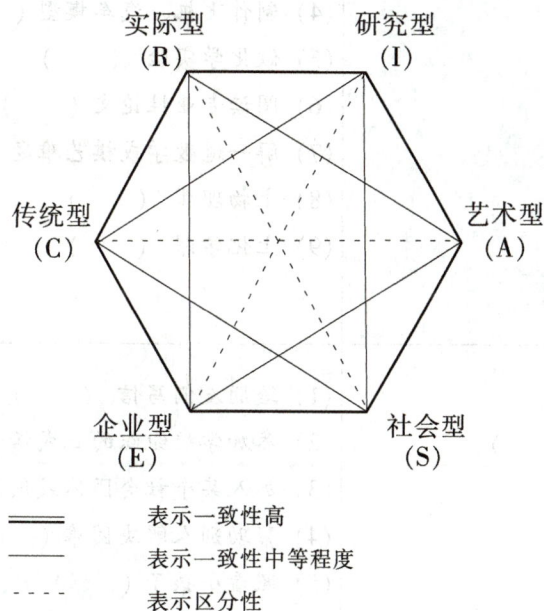

图 2-5　六大类型的关系

表 2-7 划分的六种类型并不是并列的，而是有着清晰的边界。图 2-5 的六边形标示六大类型的关系。

1.相邻关系。例如，RI、IR、IA、AI、AS、SA、SE、ES、EC、CE、RC 及 CR。属于这种关系的两种类型的个体之间共同点较多，现实型 R、研究型 I 的人都不太擅长人际交往，这两种职业环境中也都有较少的机会与人接触。

2.相隔关系。例如,RA、RE、IC、IS、AR、AE、SI、SC、EA、ER、CI及CS。属于这种关系的两种类型个体之间共同点较相邻关系少。

3.相对关系。在六边形上处于对角位置的类型之间即为相对关系,如RS、IE、AC、SR、EI及CA。相对关系的人格类型共同点少。因此,一个人同时对处于相对关系的两种职业环境都兴趣很浓厚的情况较为少见。

【生涯探索】

下面的调查表将帮助你认识兴趣与职业的关系。请依次阅读每种类型下面的活动表述,在你喜欢做的事情后面的括号内打"√",一个"√"记1分,分别统计每个单元的得分,然后填写在汇总表格中。

表2.8　职业兴趣调查表

(1) 装配、修理电器 (　　)	
(2) 修理自行车 (　　)	(1) 阅读科技书刊 (　　)
(3) 装修机器或机器零件 (　　)	(2) 在实验室工作 (　　)
(4) 做木工活 (　　)	(3) 研究某个科研项目 (　　)
(5) 驾驶卡车或拖拉机 (　　)	(4) 制作飞机、汽车模型 (　　)
(6) 开机床 (　　)	(5) 做化学实验 (　　)
(7) 开摩托车 (　　)	(6) 阅读专业性论文 (　　)
(8) 上金属工艺课 (　　)	(7) 解一道数学或棋艺难题 (　　)
(9) 上机械制图课 (　　)	(8) 上物理课 (　　)
(10) 上木工手艺课 (　　)	(9) 上化学课 (　　)
(11) 上电气自动化技术课 (　　)	
(1) 素描、制图或绘画 (　　)	(1) 给朋友们写信 (　　)
(2) 表演戏剧、小品或相声节目 (　　)	(2) 参加学校组织的正式活动 (　　)
(3) 设计家具或房屋 (　　)	(3) 加入某个社会团体或俱乐部 (　　)
(4) 在舞台上演唱或跳舞 (　　)	(4) 帮助别人解决困难 (　　)
(5) 演奏一种乐器 (　　)	(5) 照看小孩子 (　　)
(6) 阅读流行小说 (　　)	(6) 参加宴会、茶话会或联欢晚会 (　　)
(7) 听音乐会 (　　)	(7) 跳交谊舞 (　　)
(8) 从事摄影创作 (　　)	(8) 参加讨论会或辩论会 (　　)
(9) 阅读电影、电视剧本 (　　)	(9) 观看运动会或体育比赛 (　　)
(10) 读诗写诗 (　　)	(10) 寻亲访友 (　　)
(11) 上书法美术课 (　　)	(11) 阅读与人际交往有关的书刊 (　　)

续表

(1)劝说别人（　　）	(1)保持桌子和房间整洁（　　）
(2)买东西与人讨价还价（　　）	(2)抄写文章或信件（　　）
(3)讨论政治问题（　　）	(3)开发票、写收据或凭条（　　）
(4)从事个体或独立的经营活动（　　）	(4)打算盘或用计算器计算（　　）
(5)出席正式会议（　　）	(5)记备忘录（　　）
(6)演讲（　　）	(6)上打字课或学速记法（　　）
(7)在社会团体中做一名负责人（　　）	(7)上会计课（　　）
(8)检查与评价别人的工作（　　）	(8)上商业统计课（　　）
(9)结识名流（　　）	(9)将文件、报告、记录分类与归档（　　）
(10)带领一群人去完成某项任务（　　）	(10)为上级写公务信函与报告（　　）
(11)参与政治活动（　　）	(11)检查个人收支情况（　　）

请计算各单元格内题目得分,然后由高到低排序。

思考和讨论:

1.这一调查结果与你自己的主观感受是否一致? 不一致的话,存在什么差异?

2.你是否从中发现了自己以前所忽视的兴趣领域? 这对你有什么新启发?

3.如何科学、客观地分析和借鉴使用测量工具所得出的结果?

我们可以选择科学、系统的测评问卷或借助测评平台,进行适合中学生的职业兴趣测评。但值得注意的是,兴趣测评可以帮助我们明确自己的一个或多个兴趣主题。根据最终的职业发展目标,测评会对我们有如下帮助:梳理兴趣并归类;定位适合的职业大类,进行更深层的探索;找到职业方向,转换职业;确认今后所需要的教育方向;寻找平衡工作与业余爱好的方法;增加职业满意度。但兴趣测评不能测量我们的天赋、技能、价值观和能力,以及是否会喜欢某一职业。这也意味着我们不会永远固定在某一个特定的兴趣类型上。

【生涯拓展】

在高考结束选择专业的时候,首先要考虑自己感兴趣的职业方向,以此为依据,再选择与之相关的专业。这样,有了兴趣就会坚持以积极的态度去学习、复习、迎考,而不是被动、消极地对待学业;另一方面,兴趣是激发学习动力的因素,能够激励我们在大学中主动汲取各方面与专业相关的知识。最后,对大多数会在将来从事所学专业的人来说,因兴趣而学,同样也会因兴趣在这个领域施展才华,有所作为。

想一想,你对什么职业有兴趣? 为什么对这种职业有兴趣? 职业兴趣也可能来自家庭的影响,比如喜爱父母从事的职业;环境和社会实践也会给自己的职业选择带来很大的影响,如参与社会活动的感受,甚至听一场报告、看一篇文章,都可能使你产生对某种职业的兴趣。但是要记住,职业关系你的一生,需要十分慎重地选择。选择职业是自己的决定,不可从众。他人取得成功的职业,对你未必适合。在日常生活中,也要积极地认识、培养自己的职业兴趣。

重视培养间接兴趣

间接兴趣是认识到活动意义而产生的兴趣。间接兴趣对于人的积极活动具有重要意义。在我们所必须从事的工作中,可能有许多是枯燥乏味的,我们对该种事物本身并不感兴趣。但是,由于对这种工作的意义有明确认识,我们才会去克服工作中的许多困难,圆满完成任务。

积极参加社会实践活动

社会实践活动内容非常丰富,这些活动能使我们接触社会、认识社会、了解社会、增长知识、开阔视野、激发灵感。社会实践是萌发兴趣的摇篮,是培养和发展职业兴趣的必由之路。

逐渐形成中心兴趣

中心兴趣是在广泛兴趣的前提下形成的,它常常是职业兴趣的先导。中心兴趣明显、稳定,并取得突出成绩的学生,往往被称作"特长生",在升学或就业时容易受到欢迎。没有中心兴趣的人什么都想学,但往往只是流于表面,没有明确的职业方向,在选择职业时就会犹豫不决、左右徘徊,不利于自己的发展与成才。

第四节 我的能力我的梦——我的职业能力

> 别让兔子学游泳,别让老鹰学跑步,要让孩子在擅长的领域发展,他才能体会到乐趣和成就感,更容易取得成绩。
>
> ——中国著名分子生物学家 赵国屏

【生涯触点】

随着社会生产力的日益提高,社会分工愈来愈精细,各种职业都对人们提出了更高的要求。因此,求职者在选择职业时,必须了解自己的优势所在,了解自己能力的大小、自己在哪方面表现得更突出之后,再做出选择。这有助于我们择业的成功,并保证在工作中做到扬长避短,取得较大的成就。

要使自己对人类、对祖国、对社会、对他人贡献更大,工作更为出色,活得更有价值,就需要具备更加全面和完善的多项能力。所以,对我们来说,了解自己的能力,培养各种特长,有意识地在生活中和参加社会实践活动时锻炼和提高自己的各种能力,才能在成年以后在工作岗位上更好地适应工作需要。

你一定想知道什么是能力,想知道怎样认识和了解自己的能力,想知道如何发现和挖掘自己的潜力,想知道如何培养多项能力适应未来职业。

【生涯认知】

能力是指顺利完成某种活动所必备的、直接影响活动效率的心理特征或心理条件的总和。任何一种活动都要求参与者具备一定的能力,能力直接影响着活动的效率。

我们和身边的同学能从容地应对日常的生活琐事,能积极地参加学习和集体活动,说明大家都具备一般能力。一般能力就是指观察力、感觉敏锐力、记忆力、注意力、想象力、推理能力等,这些能力是正常人从事任何工作都不可缺少的最基本的能力。当然,每个人都有着不同于他人的个性和心理特征,因此每个人的强项是不一样的,每个人在能力上有不同的特长,比如有的同学记忆力好,过目不忘;有的同学色彩辨别能力强,对色彩变化敏感;有的同学善于与人打交道,善于处理人际关系等。

人的某些出众能力,就是特殊能力,具体到某一种职业而言,特殊能力就是一般能力的专门化延伸。由于长期从事某种岗位的工作,实践活动可以使人具备很强的某种特殊能力,比如专门从事纺织或色染的工人对纺织品能分辨出40多种浓淡不同的黑色,品酒师能品出各种品牌的酒等。

能力和活动是紧密相连的,离开了具体活动,既不能表现人的能力,也无法发展人的能力。在完成活动的过程中,人们所表现出来的能力有所不同。每个人具有的能力不仅仅是一种,而是有多方面的能力。辛迪·凡和理查德·鲍尔斯将能力分为三个部分:专业知识技能、可迁移技能(通用技能)和自我管理技能。我们简称为知识、技能、才干,它们组成了能力的三核。

1.知识(专业知识技能),是通过学习专业知识获取的,也是最基本、最容易提升的一项技能。它需要有意识地经过特殊的培训或学习,并通过记忆才能掌握,属于智商范畴,不容易迁移。通常用名词来表达,是属于外显的,最容易被外界所了解,一般可以通过成绩单或相关证书来证明掌握知识的多少和程度。

2.技能(可迁移技能),是完成一般性任务所必需的能力,但与某项工作没有必然关联性的通用技能。技能可以被迁移应用于不同的工作任务中。通常用动词来表达,比如组织、管理、计划、沟通、理解、执行等。技能无法通过背诵、记忆来掌握,需要在不断的实践练习中慢慢提高。

3.才干(自我管理技能),是一个人区别于他人的特质,属于情商范畴,具有可迁移性。通常用形容词和副词表达,比如善良的、灵活的、高效的等。才干往往与天赋有关,但更需要后天的培养和训练。才干是体现一个人从优秀到卓越的关键品质。

迁移是人在学习中最常见、最重要的一种心理现象,任何有意义的学习,都无不存在着迁移现象。迁移的本质,是两种学习之间在知识结构、认知规律上相同要素间的影响与同化。

每个人擅长的活动和领域是不同的。发现、培养和运用自己的优势能力,根据自身能力合理有效地规划生涯,这应当是每个人关注的重点。

【生涯体验】

我的成就事件

每个人都做过这样一些事,无论大小,无论别人是否知道,在自己回想起来的时候,会觉得很有成就感,并且能给自己带来鼓舞和力量。这样的事情我们称之为"成就事件"。请参照以下的步骤和示例,写下你的三个成就事件。

第一步:在"what"栏用一句话概括这是一件什么事。

第二步:在"how"栏用几句话描述你是如何做到的。

第三步:在"which"栏用几个词概括这件事展现了你的哪几种能力。

表2-8

示例	What:初三寒假,我用自己赚的钱给妈妈买了一条围巾
	How: 假期帮邻居小孩辅导数学功课两周,并用数学游戏让他喜欢上推理,邻居阿姨给我200元作为答谢
	Which:逻辑推理能力、语言表达能力、人际沟通能力
我的成就事件一	What:
	How:
	Which:
我的成就事件二	What:
	How:
	Which:
我的成就事件三	What:
	How:
	Which:

思考:

通过以上活动,你发现了什么?

你的优势是什么?

【生涯认知】

加德纳多元智能理论

多元智能是相对于一元智能而言的。

美国哈佛大学发展心理学教授霍华德·加德纳 (Howard Gardner) 博士提出了多元智能理

论,该理论已经广泛应用于欧美国家和亚洲许多国家的教育,并且获得了极大的成功。霍华德·加德纳博士指出,人类的智能是多元化的,每个人都拥有不同的智能优势组合。通过多元智能测试,我们能识别自身的优势潜能并充分挖掘和发展自身潜能,有意识地加强短板训练,从而为今后的职业发展打下坚实基础。

能力是一个人进入职业世界的先决条件,是影响工作效率的重要因素。如果一个人自身所具有的优势能力与职业所需的能力是匹配的,在工作中就会游刃有余,也更容易发挥自己的潜能;相反,则很难在该领域做出显著的成绩和贡献。上天赋予我们每个人独特的能力,我们只需要发现自己的优势能力,并将它发挥到极致,就一定会取得满意的成绩。

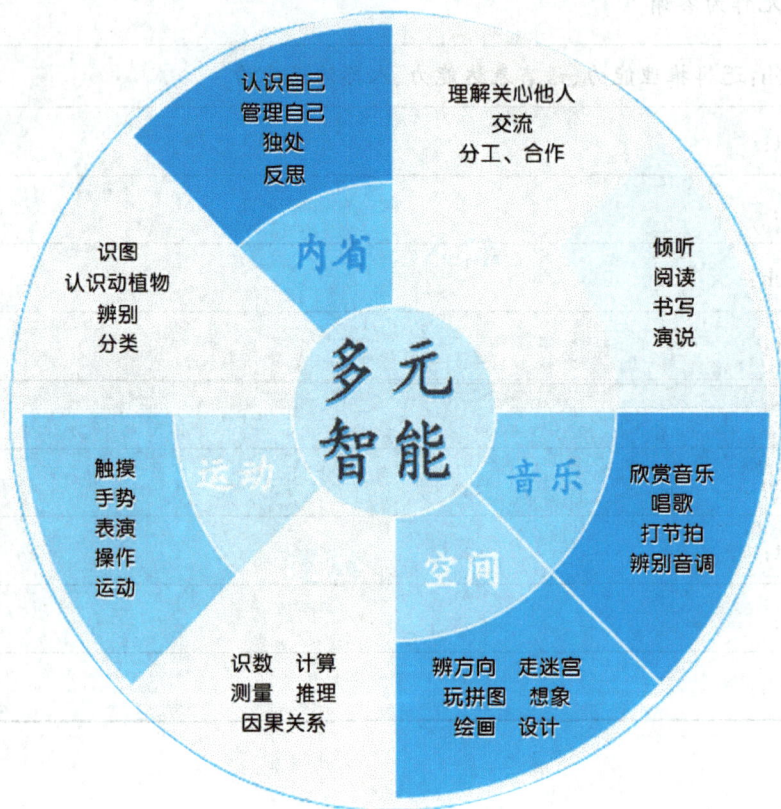

图2-6　多元智能理论示意图

我们来看一下这几种智能和职业的关联。

1.语言智能:语言智能是指运用口语表达思想,或运用书面文字传达信息的能力。语言智能高的人喜欢玩文字游戏、阅读、讨论以及写作,在谈话时常引用他读过的信息。在学校里,语言智能高的学生对语言、历史等课程有很大兴趣。语言智能高的人适合从事律师、编辑、作家、记者等职业。

2.逻辑智能:逻辑智能是指有效地运用数字和推理的能力。逻辑智能高的人喜欢提出问题并进行实验以寻求答案;喜欢寻找事物的规律及逻辑顺序;对科学的新发展有兴趣;喜欢在他人的言谈及行为中寻找逻辑缺陷;对可被测量、归类、分析的事物比较容易接受。在学校学习时特别喜欢数学、物理、化学、电子等科学类的课程。逻辑智能强的人适合从事数学研究、税务、会计、统计、计算机软件研发等职业。

3.空间智能:空间智是指感受、辨别、记忆、改变物体的空间关系并借此表达思想和情感的能力比较强,表现为对线条、形状、结构、色彩和空间关系的敏感以及通过平面图形和立体造型将它们表现出来的能力。这类人在学习时是用意象及图像来思考的,能准确地感知视觉空间,并把所感知到的表现出来。空间智能可以划分为形象的空间智能和抽象的空间智能两种能力,形象的空间智能为画家的特长,抽象的空间智能为几何学家的特长,建筑学家对形象和抽象的空间智能都很擅长。

4.运动智能:运动智能主要是指人调节身体运动及用巧妙的双手改变物体的能力。表现为能够较好地控制自己的身体,对事件能够做出恰当的身体反应以及善于利用身体语言来表达自己的思想、想法和感觉,以及运用双手灵巧地生产或改造事物的能力。这类人很难长时间坐着不动,喜欢动手建造东西,喜欢户外活动,与人谈话时常用手势或其他肢体语言。他们学习时是通过身体感觉来思考。运动员、舞蹈家、外科医生、手艺人等都有这种智能优势。

5.音乐智能:音乐智能主要是指人敏感地感知音调、旋律、节奏和音色等的能力,表现为个人对音乐节奏、音调、音色和旋律的敏感以及通过作曲、演奏和歌唱等表达音乐的能力。这种智能在作曲家、指挥家、歌唱家、乐师、乐器制作者、音乐评论家等身上都有突出的表现。

6.人际智能:人际智能,是指能够有效地理解别人及其关系,以及与人交往的能力,包括四大要素。①组织能力,包括群体动员能力与协调能力。②协商能力,指排解纷争的能力。③分析能力,指能够敏锐察知他人的情感动向与想法,易与他人建立密切关系的能力。④人际能力,指对他人表现出关心、善解人意、适合团体合作的能力。人际智能高的人通常比较喜欢参与团体性质的运动或游戏,如篮球、桥牌。当遭遇问题时,比较愿意找别人帮忙,喜欢教别人如何做某件事。在人群中感觉很舒服自在,通常是团体中的领导者。

7.内省智能:内省智能主要是指能正确把握自己的长处和短处,把握自己的情绪、动机、欲望,对自己的生活有规划,能自尊、自律,会吸收他人的长处。能从各种回馈信息中了解自己的优劣,常静思以规划自己的人生目标,爱独处,以深刻自省的方式来思考。喜欢独立工作,喜欢有自我选择的空间。内省智能可以划分为两个层次:事件层次和价值层次。事件层次的内省指向对于事件成败的总结。价值层次的内省将事件的成败和价值观联系起来自省。内省智能在优秀的政治家、哲学家、心理学家、教师等人员身上都有出色的表现。

8.自然智能:自然智能指认识植物、动物和其他自然环境(如云和石头)的能力。自然智能应当进一步归结为探索智能,包括对社会的探索和对自然的探索两个方面。自然智能强者特别适合从事与兽医学、生物学、地质学、天文学等有关的职业。

【生涯探索】

绘制多元智能图

在下面的表格中,请仔细阅读每项描述,根据自己的情况在"是"或"否"上打"√"。

表 2-9

序号	项目	是	否
1	我对篮球或足球等集体运动的兴趣大于游泳等单人运动的		
2	我在说话或做事时习惯澄清事情的因果关系		
3	我对新鲜事物充满好奇和探索的欲望		
4	我觉得几何比代数简单		
5	我喜欢双关语、打油诗、绕口令、诗词、故事等		
6	在学习新技能时,我需要实际操作,而不是只凭阅读材料		
7	我喜欢创作或编排故事		
8	我喜欢拼图、下棋等需要思考的游戏		
9	我对动物充满好奇,总想了解他们的习性		
10	我唱歌时音阶很准		
11	我有一些重大的人生目标,知道自己努力的方向		
12	用某些方法对事物进行统计、归类、分析,让我感觉更加舒服		
13	我喜欢在交谈时使用肢体语言来表达		
14	我在读、说或写出文字之前,能在脑海中听到它们		
15	我喜欢学习素描、雕塑、绘画或其他视觉艺术		
16	我经常思考"我是谁",以形成个人的生活态度		
17	我经常打拍子、哼歌曲或用口哨吹出一段旋律		
18	我对自然环境的变化很敏感		
19	理解新学的事物时,我的脑中会浮现一幅幅图像		
20	我喜欢自己动手制作		
21	我对环保很热心		
22	同学、朋友遇到问题,会第一个向我求助		
23	我在散步、慢跑时头脑最灵活,能想出好点子		
24	我学习语文、社会科学和历史比学习理科类容易		
25	我对色彩敏感,喜欢有图片的书籍		
26	喜欢的主题曲或广告歌曲时常会浮现在我的脑海中		
27	我在说话或辩论时从容不迫,能够表达得非常清楚		
28	一首乐曲只要听过一两次,我大致就能哼唱出来		
29	我对科学新知很感兴趣		
30	我能演奏一种乐器		
31	我与他人合作得很好,喜欢置身人群之中		
32	我身体协调性好,擅长运动		

续表

序号	项目	是	否
33	我在复杂的社会人际关系中,能扮演好自己的角色		
34	我方向感强,在陌生的地方不会迷路,可以轻易看懂地图		
35	我喜欢把自己的知识传授给其他人		
36	我有独立的思想,了解自己的心思,自己可以做决定		
37	我有丰富的动物、植物或矿物方面的知识		
38	我喜欢独处,有自己的兴趣,不想和他人共享		
39	我对科学的新发现很感兴趣,并会注意和搜集相关资料		
40	我有自知之明,清楚地了解自己的长处和短处		
41	我在做笔记或思考时,喜欢乱写、乱涂,我描绘的东西很精确		
42	在谈话中,我经常提到读过或听说过的内容		
43	我对天文学、宇宙起源、生物进化等很感兴趣		
44	我对他人的心情与感受能感同身受		
45	如果没有音乐,我的生活将变得枯燥乏味		
46	我喜欢动手的作业,比如模型、雕塑等手工制作		
47	我会指出人们在日常言行中的不合理、矛盾之处		
48	我了解自己的品位,尊重自己的独特性		

多元智能对应的项目如下表,选"是"记1分,选"否"记0分,请你计算自己在不同智能方面的得分,填写在下面的表格中。

表 2-10

多元智能名称	对应题号	总分
语言智能	5、7、14、24、27、42	
逻辑智能	2、8、12、29、39、47	
空间智能	4、15、19、25、34、41	
音乐智能	10、17、26、28、30、45	
运动智能	6、13、20、23、32、46	
人际智能	1、22、31、33、35、44	
内省智能	11、16、36、38、40、48	
自然智能	3、9、18、21、37、43	

请根据每种智能的分数,在下图中绘制自己的多元智能图,分析自己的组合能力。

表 2-11

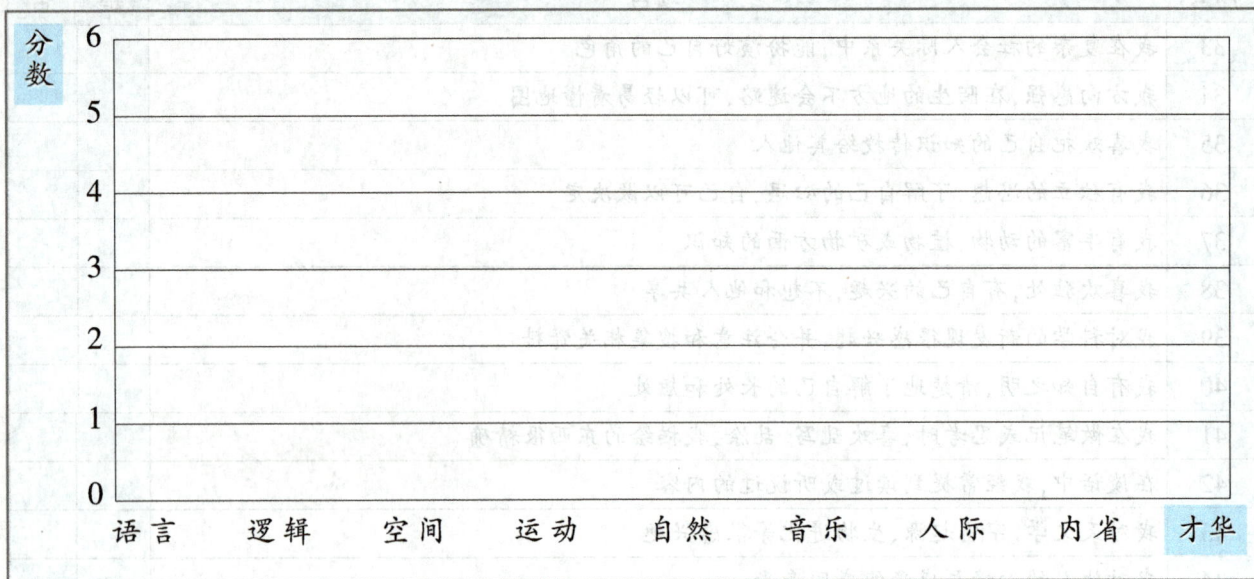

绘制完成后,请与大家分享和讨论,进一步明确自己的能力优势。

1.这一活动使你对自己的能力有了什么新的认识?能力与你各科的学习成绩之间有什么样的关系?

2.你应该如何进一步发展自己的能力优势?

3.你应该如何看待自己的能力短板?它对你的生涯发展会有什么影响?

【课后拓展】

表 2-12　多元智能的活动实践

序号	智能类型	相关活动	我的参与及感受
1	语言智能	讨论、辩论、写日记、讲故事、倾听、阅读	
2	音乐智能	演奏音乐、唱歌、吹口哨、拍手、分析声音与音乐	
3	逻辑智能	计算、做实验、玩数字游戏、提出假设并验证假设、归纳与演绎推理	
4	空间智能	画图、摄影、解析几何题、做创意设计、装饰物品	

续表

序号	智能类型	相关活动	我的参与及感受
5	运动智能	角色扮演、跳舞、参加体育活动、动手操作、手工制作	
6	内省智能	自我评价	
7	人际智能	讨论、合作学习、团体游戏、社会活动、分享	
8	自然智能	访问生态园、环境研究、关心动植物、户外探索、寻找自然规律	

第五节　探索核心价值观——我的职业价值观

【生涯导读】

　　圆满的人生是一个有价值、有意义的人生。价值观指向我们内心最重要的东西,我们所有的规划、愿景都受到价值观的驱使。只有正确理解价值取向,端正我们的价值观,才能制定符合个人和社会发展需要的生涯规划。

【生涯触点】

　　有一个商人坐在海边小渔村的码头上,看着一个渔夫划着一艘小船靠岸。小船上有好几尾大黄鳍金枪鱼,这个商人对渔夫能抓这么高档的鱼恭维了一番,问他要多长时间才能抓这么多。渔夫说,才一会儿工夫就抓到了。商人再问:"你为什么不待久一点,好多抓一些鱼?"

　　渔夫觉得不以为然:"这些鱼已经足够我一家人的生活所需啦!"

　　商人又问:"那么你一天剩下那么多时间都在干什么?"

　　渔夫解释:"我每天睡到自然醒,出海抓几条鱼,回来后跟孩子们玩一玩,再跟老婆睡个午觉,黄昏时晃到村子里喝点小酒,跟哥们儿玩玩吉他,我的日子可过得充实又忙碌呢!"

　　商人不以为然,帮他出主意,他说:"我是企管硕士,我倒是可以帮你!你应该每天多花一些时间去抓鱼,到时候你就有钱去买条大一点的船。你就可以抓更多鱼,再买更多渔船。然后你就可以拥有一个渔船队。到时候你就不必把鱼卖给鱼贩子,而是直接卖给加工厂。然后你可以自己开一家罐头工厂。如此你就可以控制整个生产、加工处理和行销。然后你可以离开这个小渔村,搬到大城市,在那经营你不断扩大的企业。"

　　渔夫问:"这要花多长时间呢?"

　　商人回答:"十五年到二十年。"

　　渔夫问:"然后呢?"

　　商人大笑着说:"然后你就可以在家歇着啦!时机一到,你就可以宣布股票上市,把你的公司股份卖给投资大众。到时候你就发啦!你可以几亿几亿地赚!"

　　渔夫又问:"然后呢?"

　　商人说:"到那个时候你就搬到海边的小渔村去住。每天睡到自然醒,出海随便抓几条鱼,跟孩子们玩一玩,再跟老婆睡个午觉,黄昏时,晃到村子里喝点小酒,跟哥们儿玩玩吉他!"

渔夫疑惑地问:"我现在不就是这样了吗?"

【生涯体验】

价值垂钓

你和好朋友一起去钓鱼,水里有很多鱼,其中有12条鱼具有自己的特质。你可以钓5条你认为最有价值的鱼,你会选哪5条?另外的鱼你也可以赋予它们你认为重要的特质。

爱　　助人　　道德感　　美感　　(　　)　　智慧

独立性　　(　　)　　(　　)　　成就感　　健康　　权利

(　　)　　快乐　　自我成长　　(　　)　　财富　　(　　)

图2-7　价值垂钓

遇到了下面这些情况该如何选择?

好朋友来找,基于情谊,
忍痛送他一条鱼。

我放弃:(　　)

骑车回家路上碰到大石头,
一条鱼飞了出去。

我放弃:(　　)

渔网破了个小洞,有条鱼
趁机逃了出去

我放弃:(　　)

回到家,妈妈希望拿一条
鱼出来做菜。

我放弃:(　　)

价值观活动单

我认为最有价值的五条鱼(价值观)为：

我想放弃的鱼(价值观)的顺序为：

我最后留下的鱼(价值观)为：

如果一个小组只能留下一条鱼(价值观),请小组讨论留下哪条鱼,并写下讨论结果。

经过小组讨论后,本小组认为最值得留下的鱼(价值观)为：

【生涯认知】

价值观指向我们内心最重要的东西,是我们的内在驱动力,是引导行为的方向,是自我激励的机制。价值观会随着时间、空间、经历、阅历等而改变,因此需要不断地审视和澄清。

职业价值观指价值观在职业选择上的体现,也可称之为择业观,是人们对待职业的一种信念和态度,或人们在职业生涯中表现出来的一种价值取向。在选择职业时,个人的择业标准及对具体职业的评价集中反映了其职业价值观。

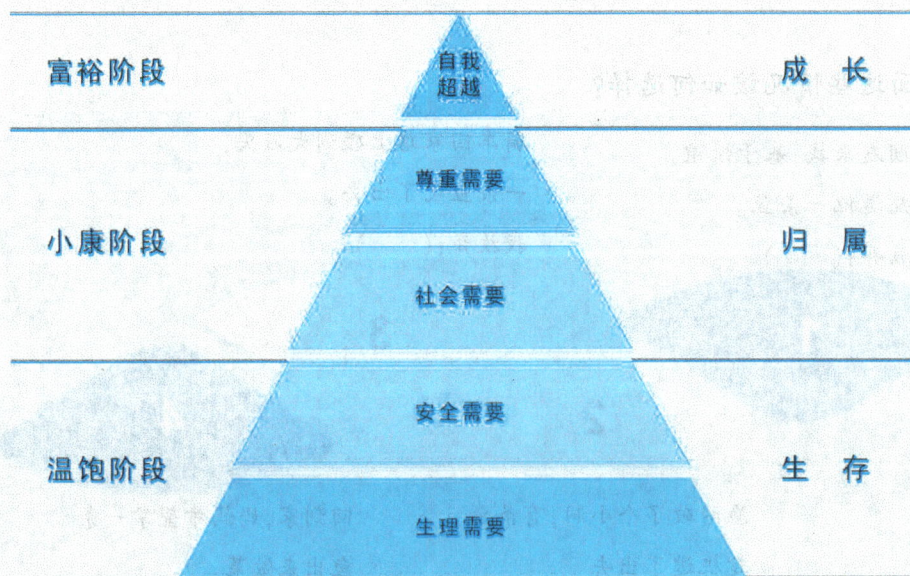

图2-8 马斯洛的需要理论

根据马斯洛的需要理论,人类的行为从低级需要向高级需要循序上升。在人们的生活有基本保证、物质待遇差别不大的情况下,人们的行为目标往往容易指向高级的精神需要。当个人的低层次需求得到满足以后,就会产生更高层次的需求,这些需求体现在生活中,就成为我们的价值观。从职业生涯的角度看,大多数人的职业价值观是有阶段性的,随着某一阶段的需求得到满足后,新的职业价值观也会随之产生。

1.生理需求的价值观:维持自身生存的最基本需求,包括饥、渴、衣、住、性等方面的需求。只有这些最基本的需求得到满足后,其他的需求才能成为新的激励因素。

2.安全需求的价值观:有安全感,有居所,工作稳定,有保护、法律秩序、健康保险,摆脱恐惧和焦虑等。

3.归属与爱的需求的价值观:包括朋友、两性关系、爱情、社交圈子、人际关系等,个体归属于一个群体的感情,希望成为其中一员,并相互关心和照顾。

4.尊重需求的价值观:包括声望、自我尊重、有能力、自信、有价值感等,有稳定的社会地位,个人能力和成就得到社会的认可。

5.自我需求实现的价值观:实现个人理想和抱负,完成与自己能力相称的一切事情,使个人才能得到最大限度的发挥,有创造性,投身为社会做出贡献的事业等。

图 2-9

【生涯探索】

请在分值一栏填写相应的分数。分数分为五级：1分、2分、3分、4分、5分。

分数越高代表该项内容对你来说越重要。

表2-13 我的职业价值观自测

分值	题号	题目	分值	题号	题目
	1	能参与救灾济贫的工作		31	能够减少别人的苦难
	2	能经常欣赏完美的艺术作品		32	能运用自己的鉴赏力
	3	能经常尝试新的构想		33	常需构思新的解决方法
	4	必须花精力去思考人生		34	必须不断地解决新的难题
	5	在职责范围内有充分自由		35	能自行决定工作方式
	6	可以经常看到自己的工作成果		36	能知道自己的工作绩效
	7	能在社会扮演更重要的角色		37	能让你觉得出人头地
	8	能知道别人如何处理事务		38	可以发挥自己的领导能力
	9	收入比相同条件的人高		39	可使你存下很多钱
	10	有稳定的收入		40	有好的保险和福利制度
	11	有清净的工作场所		41	工作场所有现代化设备
	12	主管善解人意		42	主管能采取民主领导方式
	13	能经常和同事一起娱乐		43	不必和同事有利益冲突
	14	能经常变换职务		44	可以经常变换工作场所
	15	能成为你想成为的人		45	工作常让你觉得如鱼得水
	16	能帮助贫困和不幸的人		46	常帮助他人解决困难
	17	能增添社会的文化气息		47	能创作优美作品
	18	可以自由提出新颖的想法		48	常提出不同的处理方案
	19	必须不断学习才能胜任		49	需对事情深入分析研究
	20	工作不受他人干涉		50	可以自行调整工作进度
	21	常觉得自己的辛劳没有白费		51	工作结果受到他人肯定
	22	能使你更有社会地位		52	能自豪地介绍自己的工作
	23	能够分配调整他人工作		53	能为团体拟定工作计划
	24	能常常加薪		54	收入高于其他行业
	25	生病时能被妥善照顾		55	不会轻易被解雇或裁员
	26	工作地点光线好、通风好		56	工作场所整洁卫生
	27	有一个公正的主管		57	主管的学识让你敬佩
	28	能与同事建立深厚友谊		58	能够认识很多风趣的伙伴
	29	工作性质常会变化		59	工作内容随时间变化
	30	能实现自己理想		60	能充分发挥自己的专长

表2-14

得分	对应题目	职业价值观	得分	对应题目	职业价值观
	1、16、31、46	利他主义		9、23、39、54	经济报酬
	2、17、32、47	美的追求		10、24、40、55	安全稳定
	3、18、33、48	创造发明		11、25、41、56	工作环境
	4、19、34、49	智力激发		12、26、42、57	上司关系
	5、20、36、50	独立自主		13、27、43、58	同事关系
	6、21、36、51	成就满足		14、28、44、59	多样变化
	7、21、37、52	声望地位		15、29、45、60	生活方式
	8、22、38、53	管理权力			

　　算算各对应题目的分数,看看你的职业价值观是什么类型的。

请从高分项中,认真选择三项你最为看重的,并且做出排序,说明你选择的理由。

1.最重要的职业价值观(说说你选择的理由)。

2.重要的职业价值观(说说你选择的理由)。

3.次要的职业价值观(说说你选择的理由)。

【拓展阅读】

同学们是否有为什么要去学校读书的疑问？这个问题其实关系到对价值观的思考。为了什么？想要什么？对同学们来说什么才是最重要的？这些问题的答案，便折射出同学们的价值观。

每个人在学业跟职业上，都有不同的价值追求，有人从内在价值观、外在价值观、外在报酬三个维度出发，总结了15种最为常见的职业价值观，代表着不同群体在工作中所重视和追求的15个方面。

● 美的追求——能够制作美丽的物品并将美带给世界的职业。

● 安全稳定——不太可能失业，即使在经济困难的时候也有工作。

● 工作环境——在舒适的环境里工作，工作的环境对某些工作者来说是很重要的，他们对工作环境比工作本身更加感兴趣。

● 智性激发——能让你独立思考、了解事物怎样运行的工作。

● 独立自主——能让你以自己的方式做事，或快或慢随你所愿的工作。

● 多样变化——在同一份工作中有机会尝试不同种类的部门。

● 经济报酬——报酬高、使你能拥有想要的事物的工作。

● 管理权力——允许你设定计划并给别人安排任务的工作。

● 帮助他人——能让你为了他人的福利做贡献的职业，有社会服务方面的兴趣。

● 生活方式——工作能让你按照自己所选择的方式生活，并成为自己所希望成为的人。

● 创造发明——能使你发明新事物、设计新产品或产生新思想的工作。

● 上级关系——在一个公平并且能与之融洽相处的管理者手下工作，和老板相处融洽。

● 同事关系——能与你喜欢的人接触并共事。对某些人来说，工作中的社交生活比工作本身要重要得多。

● 成就满足——能让你有成就感。重视成就的人喜欢能给人现实可见的结果的工作。

● 名誉地位——让你在别人的眼里有地位、受尊敬，能引发敬意的工作。

这就是"工作价值观量表"(WVI)。它是由美国著名的生涯辅导大师唐纳德·E·舒伯研究开发的，WVI列出了15种工作价值，通过对这15种工作价值的重要程度进行排序，对工作价值进行衡量。

【生涯拓展】

我的生涯方格

活动步骤：

1.准备九张小纸片。

2.写下职业名称：在三张小纸片上写下喜欢的职业，然后在另外三张小纸片上写下你不喜欢的三种职业，在剩下的三张小纸片上写下对你来说不是很陌生的职业，九种职业不能重复。

3.职业偏好排序：依据对职业的喜欢程度的高低将小纸片排序，并在该纸片的职业名称旁编号，最喜欢的为1，次喜欢的为2，以此类推。

4.职业分类:(打乱小纸片的顺序,有字的一面朝下或折叠起来)

①任意抽出三张小纸片

②将三项职业分成两组

③两种职业放在同一组,而另一种职业自成一组,并写出这样堆放的原因和理由,记录在"生涯方格价值活动单"上

5.重复第四个步骤。每次抽出的三种职业不完全一样,尽可能完成十次,超过十次也可以。

6.偏好圈选:将喜欢的理由圈起来,每行只能选一个。

7.偏好排序(价值排序):将圈起来的理由进行排序,最喜欢的,在"生涯方格价值活动单"上"偏好排序"一栏里填1;次喜欢的填2,以此类推,

8.按照"生涯方格价值活动单"上的提示完成评估。并完成活动单下面的三个思考。

表2-16 生涯方格价值活动单

偏好排序	两项职业放在同一组的理由	一项职业放在另一组的理由	选择的职业_____评估
			☆☆☆
			☆☆☆
			☆☆☆
			☆☆☆
			☆☆☆
			☆☆☆
			☆☆☆
			☆☆☆
			☆☆☆

综合考虑自己的性格、兴趣、能力、家庭因素和社会因素,选择一种自己将来最可能从事的职业,填写在表格的横线上,然后评估该职业可以实现自己工作价值的程度。觉得有可能够实现工作价值的,涂一颗星;觉得比较能实现工作价值的涂两颗星;觉得非常能实现工作价值的涂三颗星;觉得无法实现工作价值的则不用涂。

体验与思考

1.你的价值排序情况是怎样的？与你喜欢的职业匹配度高吗？

2.了解自己的职业排序，对你当前的学习有何影响？对你的生涯发展有何影响？

3.三年之后或者五年之后，你觉得你的选择会发生改变吗？

第三章　点亮高中生活

第一节 走近象牙塔——大学和专业认识

【生涯导读】

> 大学的存在就是为结合老成与少壮以从事创造性之学习,而谋求知识与生命热情的融合。
>
> ——怀海德

> 闻道有先后,术业有专攻。
>
> ——韩愈

【生涯触点】

1. 教育部教育发展研究中心针对高三学生所做的一项调研显示:75.2%的高三学生对高考志愿中的专业的了解程度为"一点点"或"完全不了解"。

2.北京市教育科学研究院曾对北京部分高校的大一学生做过一个抽样调查,结果显示:42.1%的大学生对所学专业不满意;如果可以重新选择,65.5%的大学生表示将选择别的专业。

3.由于学生对自己、对专业、对社会了解不够,只能完全按照父母的意愿填报志愿,结果经过大一亲身体验后,很后悔当初的选择。

然而调查表明,学生选择大学专业时越是注重自己的个人分析、学科(术)能力、职业生涯发展潜力等因素,对专业的满意度就越高。合适的专业选择应该是个人、专业与社会需求及其发展方向的吻合。

【生涯认知】

一、大学

表3-1　国内大学概况

国内大学概况	
分类	综合性大学:以北京大学、复旦大学、南京大学、浙江大学、武汉大学、中山大学、吉林大学、南开大学、山东大学、四川大学、兰州大学、厦门大学等为代表。这些大学历史悠久、学科门类齐全、文理渗透,文化底蕴较为深厚
	以工科为主的综合性大学:以清华大学、上海交通大学、西安交通大学、同济大学等为代表。这些大学工科专业实力很强,但理科基础和人文社会科学相对较弱
	准综合大学:如北京科技大学、北京邮电大学、中国农业大学、北京林业大学、中国地质大学、中央财经大学、中国政法大学、北京外国语大学等。这些大学以培养工业、农林特水产业、地矿、财经、政法、语言等行业专业人才为目的,主体专业实力很强,行业特点明显,与行业有天然联系,又都在逐渐向综合性大学发展
	师范类院校:以北京师范大学、华东师范大学、东北师范大学、华中师范大学、华南师范大学和陕西师范大学为代表。其教育水平、科研实力往往超过同批次的准综合大学。这类院校都陆续开设了非师范专业
	专业院校:如医学、艺术、体育、军事、警察等,这类院校专业性很强,培养目标明确,报考此类大学应充分考虑考生的天赋、特长
211 985 双一流	"211工程"就是面向21世纪,重点建设100所左右的高等学校和一批重点学科。是我国为落实科教兴国战略而实施的一项跨世纪的战略工程,也是中华人民共和国成立以来在高等教育领域进行的规模最大的重点建设项目
	在"211工程"院校建设的基础上,1998年5月,江泽民同志在北京大学百年校庆大会上提出"为了实现现代化,我国要有若干所具有世界先进水平的一流大学"。教育部自1999年起分别与部分省、市地方政府签订合作协议,分批将39所国内知名高校列入国家跨世纪重点建设的高水平大学名单,即"985工程"
	2015年10月国务院发布了《统筹推进世界一流大学和一流学科建设总体方案》,意在提升中国高等教育的综合实力和国际竞争力,着力培养拔尖创新人才。这一工程在2017年全面启动,以五年为一个周期,与国家五年建设规划同步实施。此前实行的高等教育"211工程"和"985工程"等重点建设工程,被统一纳入其中

续表

国内大学概况	
排名	大学排名是一种更为综合、直观的方法,可以反映一所大学的名望、声誉、科研实力、学术地位等。如2015年腾讯教育和最好大学网联合发布的首版"中国最好大学排名"、武书连大学排行榜等。也可以参考中国大学在国际上的排名,包括国内的"世界大学的学术排名(ARWU)"以及国外的"QS世界大学排名"、《美国新闻与世界报道》(USNEWS)世界大学排名、《泰晤士报高等教育增刊》(The Times Higher)世界大学排名等

表3-2 国内大学入学通道

国内大学入学通道	
春季高考	近些年实施春季高考的本科院校有所增加,招生专业必须是学校的国家级特色专业或市属高校应用型本科试点专业
特殊类型招考	即重点大学自主招生。自主招生又称自主选拔,是高校选拔录取工作改革的重要环节。各高校实行自主招生的情况不完全相同,大致分两类:高水平大学自主招生、综合评价录取改革试点招生
高职自主招生	指由试点高校根据本校培养目标和学科专业的要求,自主决定考试具体方案,组织对考生进行文化课和综合素质测评的招生形式。对于参与本省高职自主招生试点院校考核的考生来说,只要通过这些院校自主招生测试并且公示后,即可直接被录取
艺术类专业招生	报考艺术类专业的考生,除了要参加高考文化课考试,还要参加艺术类专业考试,获得专业考试合格证的考生才有资格填报相应艺术院校(专业)志愿。艺术类院校一般在提前批次录取,执行艺术类专业批次控制分数线,综合考虑考生的专业成绩和文化课成绩,招生院校也主要是一些本科艺术院校
体育类专业招生	体育类各专业中,报考体育教育、社会体育指导与管理、休闲体育、运动训练、武术与民族传统体育这5种专业的考生,除了参加统一高考文化课考试外,一般还要参加所在省(市、区)组织的体育类专业考试并取得合格成绩。报考运动人体科学、体育经济与管理、新闻学(体育新闻方向)等专业的考生一般不必参加体育专业考试和面试。报考运动训练、武术与民族传统体育专业的考生,如果满足特定条件,可参加高校单独招生考试(单招)
其他特殊类型招生	除了以上几种主要特殊类型的招生以外,还包括农村学生单独招生、保送生招生、高水平艺术团招生、高水平运动队招生,以及空军招飞、海军招飞、民航招飞等

表3-3　国外留学通道

国外留学通道(列举部分)	
美国留学	美国是世界上教育质量最高的国家之一。与其他国家的本科教育相比,美国大学的本科教育具有开放的教育体系,自由的教学理念和灵活的教学、考评方式。美国课堂更重视教授对学生的"启发式"教育 想要留学美国,需要准备高中成绩单、托福考试、SAT考试、简历表、个人陈述、推荐信等,其中托福考试和SAT考试是申请美国学校的基本条件
加拿大留学	枫叶之国加拿大的教育以严谨著称,融合了英国教育的一丝不苟和美国教育的自由灵活。加拿大的教育非常重视学生实践能力的培养,大学的师资力量、实践实验平台等教育资源都很丰富。此外,各大学与知名企业有较好的合作,为学生提供了多样化的社会实践机会 申请加拿大的大学,一般只要提供高中成绩单和语言考试成绩。虽然它对SAT考试没有要求,但如果有的话,也可以对申请起到很大的帮助
英国留学	英国是欧洲最大的留学生流入国。其教育实行一套独特的质量保障体系,从提供给学生的服务与帮助,到开设的课程,再到教师队伍的素质,每所学校都得接受政府严格的监督检查,执行严格的标准。另外,英国实行本科三年制和授课硕士一年制的浓缩学制,为留学生节省了时间和费用。它对专业的重视和培养,比较适合有专业特长的学生 英国留学的申请材料与北美有些差异,语言考试以雅思为主,而学术能力测试则用该国特有的"A-level"课程
澳大利亚留学	澳大利亚高等教育的国际竞争力仅次于美国和英国。一般而言,澳大利亚的大学教育采用学分制,有着比较灵活、完善的双学位和专业制度;且充分考虑理工科和非理工科大学的差异,在专业设置上各具特色 与美国、加拿大和英国相比,澳大利亚留学的申请条件相对宽松,很多名校并不要推荐信、个人陈述等材料,但比较看重高中成绩和语言考试成绩
日本留学	在日本的高等教育体系中,主要分为学校教育、教学实践和学生就业三大环节。日本的高校教育非常注重开发学生能力,使教育与实践、社会经济相结合。日本大学主要以学术研究为中心,其目标是发现并开发新的理论和技术,希望研究成果对社会发展有所贡献 对于申请日本留学的高中生来说,日语是关键,最低的语言要求是二级。由于日本招生体制方面的限制,多数日本大学要求留学生申请时要提供日本留学考试(EJU)和大学独立考试的考试成绩

二、专业

1.专业设置

根据《普通高等学校本科专业目录(2012年)》,我国普通高校设有12个学科门类,共506种专业。以法学为例:法学学科门类包含6个专业门类,即法学类、政治学类、社会学类、民族学类、马克思主义理论类和公安学类,共32个专业。12个学科门类分别归属于人文科学、社会科学、理论科学和工程科学四大类别。

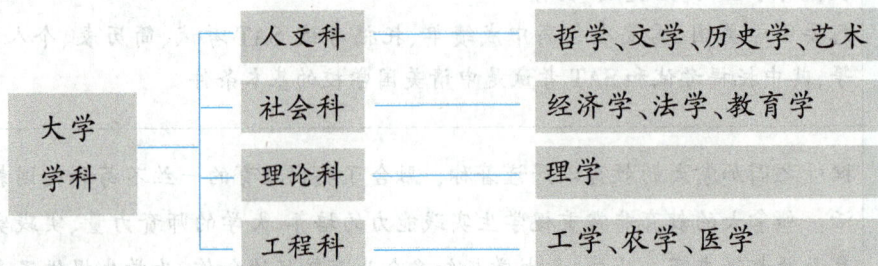

```
            ┌─ 人文科 ──── 哲学、文学、历史学、艺术
  大学      ├─ 社会科 ──── 经济学、法学、教育学
  学科      ├─ 理论科 ──── 理学
            └─ 工程科 ──── 工学、农学、医学
```

2.专业排名

2012年,教育部学位与研究生教育发展中心组织开展了学科评估,按照国务院学位委员会和教育部颁布的《学位授予和人才培养学科目录》的学科划分,对具有研究生培养和学位授予资格的一级学科进行整体水平评估,为学生选报学科、专业提供参考。

如果同学们有留学计划,或者打算在本科毕业后出国深造,申请国外大学,那么国外的"QS世界大学学科排行榜"相对而言就更具有借鉴意义。

【生涯体验】

专业职业连连看

小组讨论,用直线将专业与可能的职业方向连起来。

专业	职业
经济学	外交官
临床医学	银行职员
金融学	企业家
编辑出版学	人力资源管理
汉语言文学	教师
心理学	外贸员
英语	医生
日语	编辑
法学	律师
政治学	工程师
土木工程	公务人员

你发现了什么?

【拓展阅读】

01　专业包容职业:个人的职业发展一直在所学专业的领域内,选择的职业与学习的专业相吻合,能够做到学以致用。

02　以专业为核心,职业包容专业:个人的职业发展以所学专业为核心,向外扩展。这种情况下要集中精力学好本专业,掌握本专业的基础知识和技能,并不断提高自己所从事职业的素质。

03　专业与职业交叉:所学专业与从事工作有一定联系,工作上需要用到部分专业内容,但工作还需要其他专业知识。这种情况下需要在职业生涯规划的指导下,在学好本专业的基础上,同时辅修或自学一些其他专业的课程。

04　专业与职业分离:要从事的职业与所学的专业基本无关。这时应尽早调整专业,或辅修其他专业。

专业与学科门类

专业(major)是指在人类社会科学技术进步和生活、生产实践中,用来描述某一人群在职业生涯的某一阶段,长期从事的具体业务规范;也指高等学校或中等专业学校根据社会分工的需要设立的学科类别。

我国高等学校和中等专业学校,根据国家建设需要和学校性质设置各种专业。为建立健全教育质量保障体系,教育部组织高等学校学科专业教学指导委员会研究制定了《普通高等学校本科专业类(专业)教学质量国家标准》(简称《标准》)。这个《标准》依据《普通高等学校本科专业目录》(2012年),以专业类为单位,明确了适用专业、培养目标、培养规格、课程体系、师资队伍、教学条件、质量保障等各方面要求,是现阶段各专业类所有专业应该达到的质量标准,是设置本科专业、指导专业建设、评价专业教学质量的基本依据。

学科门类(disciplinary category)则是对具有一定关联学科的归类,是授予学位的学科类别。根据国务院学位委员会、教育部印发的《学位授予和人才培养学科目录设置与管理办法》(2009)规定、学科门类由国务院学位委员会和教育部共同制定,是国家进行学位授权审核与学科管理、学位授予单位开展学位授予与人才培养工作的基本依据。

我国高等学校本科教育专业是按学科门类、专业类(一级学科)和专业(二级学科)三个层次来设置的。在数字代码中的二位码为学科门类,四位码为专业类(一级学科),六位码为专业(二级学科)。每学科门类下设若干一级学科,如理学门类下设数学、物理、化学等12个一级学科,一级学科再下设若干二级学科,如数学下设基础数学、计算数学等5个二级学科。

【生涯认知】

了解大学专业

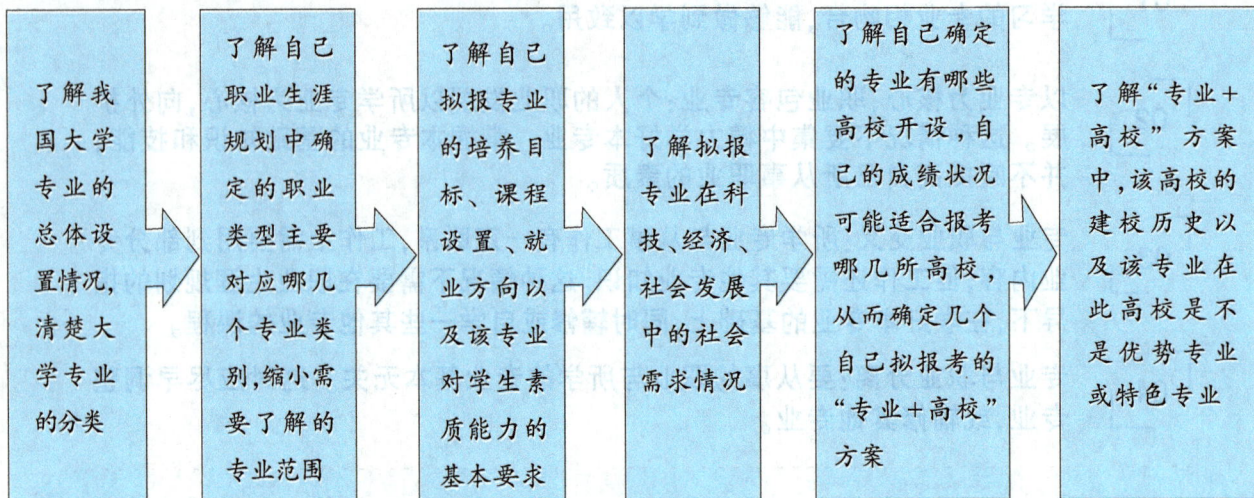

| 了解我国大学专业的总体设置情况,清楚大学专业的分类 | 了解自己职业生涯规划中确定的职业类型主要对应哪几个专业类别,缩小需要了解的专业范围 | 了解自己拟报专业的培养目标、课程设置、就业方向以及该专业对学生素质能力的基本要求 | 了解拟报专业在科技、经济、社会发展中的社会需求情况 | 了解自己确定的专业有哪些高校开设,自己的成绩状况可能适合报考哪几所高校,从而确定几个自己拟报考的"专业+高校"方案 | 了解"专业+高校"方案中,该高校的建校历史以及该专业在此高校是不是优势专业或特色专业 |

注意高校招生计划——各高校针对不同地区开放不同专业名额(每年都有变化)

表3-4 德州学院2017年普通本科艺体类招生计划

专业名称	学制	科类	总计	山东	河北	山西	湖南	江苏	河南	备注
本科合计			695	500	50	45	70	20	10	
美术学	4年	艺术文	58	58						使用相应省份美术类统考成绩
美术学	4年	艺术理	7	7						使用相应省份美术类统考成绩
美术学	4年	艺术不分文理	15		5	5		5		使用相应省份美术类统考成绩
视觉传达设计	4年	艺术文	35	35						使用相应省份美术类统考成绩
视觉传达设计	4年	艺术理	5	5						使用相应省份美术类统考成绩
视觉传达设计	4年	艺术不分文理	10			5		5		使用相应省份美术类统考成绩
环境设计	4年	艺术文	35	35						使用相应省份美术类统考成绩
环境设计	4年	艺术理	5	5						使用相应省份美术类统考成绩
环境设计	4年	艺术不分文理	10			5		5		使用相应省份美术类统考成绩
环境设计(景观艺术设计)	4年	艺术文	35	31			4			使用相应省份美术类统考成绩
环境设计(景观艺术设计)	4年	艺术理	5	4			1			使用相应省份美术类统考成绩
环境设计(景观艺术设计)	4年	艺术不分文理	5			5				使用相应省份美术类统考成绩
服装与服饰设计	4年	艺术文	70	56			4	10		使用相应省份美术类统考成绩
服装与服饰设计	4年	艺术理	5	4			1			使用相应省份美术类统考成绩
服装与服饰设计	4年	艺术不分文理	5					5		使用相应省份美术类统考成绩
服装与服饰设计(服装表演方向)	4年	艺术文	36	18			18			使用校考成绩
服装与服饰设计(服装表演方向)	4年	艺术理	4	2			2			使用校考成绩
音乐学	4年	艺术文	84	66			18			使用校考成绩
音乐学	4年	艺术理	6	4			2			使用校考成绩
音乐学(声乐方向)	4年	艺术不分文理	10		10					使用河北省声乐联考成绩
音乐学(声乐方向)	4年	艺术不分文理	10		10					使用河北省声乐联考成绩
音乐学	4年	艺术不分文理	20			20				使用山西省音乐类统考成绩
音乐表演	4年	艺术文	44	26			18			使用校考成绩
音乐表演	4年	艺术理	6	4			2			使用校考成绩
音乐表演(声乐方向)	4年	艺术不分文理	10		10					使用河北省声乐联考成绩
音乐表演(器乐方向)	4年	艺术不分文理	10		10					使用河北省器乐联考成绩
音乐表演	4年	艺术不分文理	10			10				使用山西省音乐类统考成绩
体育教育	4年	体育	140	140						

【拓展阅读】

学习在燕园

在北大的第一学期，我一节课都不敢逃，而且占座都占教室最前面的，为的就是能把老师讲的东西全都记下来。即使这样，在考试前几天也还是觉得什么都不会，怕得要命。因为占座成风，每次进出教室都要费一番力气。如果是第二节课，第一节课的老师刚说"下课"，教室的门就被候在外面多时的同学推开，一拥而入。上第一节课的同学屁股还没离椅子，书包、衣服就扔了上去，为的就是能有一个好座位。

每学期要经历的第一件事就是选课。操作起来和在网上购物一样，喜欢哪门课选中它就行了，一般的课程都是 2 学分，一般一学期的课程在 20~24 学分之间。这 20 多个学分中，有专业必修的课程，少则两三门，多则四五门，再除去学校必修的公共课，剩下的课程则由自己从选修课中自由选择。

大学四年的选修课程总学分必须超过 16 学分，并且必须涵盖自然科学、历史学、哲学和心理学、社会科学、文学艺术五大门类。这套课程制度给予了我们充分的学习自由，但实际操作起来就会发现，自己给自己排课并不是一件轻松的事。

对于人文和社会科学的学生来说，阅读专著和论文是大学学习中最主要的内容，一学期下来的阅读量可能超过上大学之前十几年阅读量的总和；而对于自然科学门类的学生而言，实验在学习中则占有很大的比重。

在我们的宿舍里几乎找不到一本小说。我在高中时看了许多小说，到了北大就不看了，主要是因为没那个气氛，业余时间基本都被作业、阅读占满了。

一门课除了课堂时间以外，老师还会告诉你课下还要用多少时间来复习、预习和巩固才能学好这门课，一般的定律是课上一小时课下两小时。想想一天的课程排下来，我们每天需要学习二十几小时才能做一名好学生。

有一些学生基本是在大三以后，才不像大一新生老老实实地去上课，这样就是平时舒服了，但考试前就痛苦了。考试前往往每天要学 14 个小时以上，失眠成了流行病。大学里的学习，最大的学问在于如何合理地安排学习计划，自己统筹学习内容是重要的第一步。

——摘自北京师范大学附属实验中学《生涯规划（高中）》(2011)

【生涯拓展】

我国高等教育业内人士中流行的一些对部分大学约定俗成的习惯性称呼，在一定程度上反映了这些大学的办学特色和学科优势。

如果你感兴趣的话，请课下查阅如下称呼："五院四系""国防七校（国防七子）""两电一邮""建筑老八校""建筑新八校""四大工学院""机械四小龙""电气二龙四虎""五大财经""医学霸主""南北医学双雄""军地医学四大精英""医学十一大金刚""南药北药"。

第二节 定位风向标——大学和专业选择

【生涯导读】

博学之,审问之,慎思之,明辨之,笃行之。

——《礼记·中庸》

【生涯触点】

高考改革后,实行"专业(类)+高校"志愿填报模式,考生既可以报考同一个高校中的不同专业(类),也可以报考不同高校的同一专业(类),还可以报考不同高校的不同专业(类),拥有了更多选择权,也增加了高校与学生之间的双向选择机会。

【生涯认知】

我国高等院校的类型

我国的高等院校目前主要有以下几种分类方法:

1.按办学层次可分为:国际"双一流"院校(原"211""985"院校)、教育部及中央部委所属本科院校、地方所属本科院校、高职(高专)院校。

2.按教育性质可分为:普通高等教育、成人高等教育、高等自学考试、电大开放教育、远程网络教育。

3.按学科可分为:综合类、理工类、师范类、农林类、政法类、医药类、财经类、民族类、语言类、艺术类、体育类、军事类院校。

4.按办学主体可分为:公办院校、民办院校、独立学院。

高等院校的系统分类如图 3-1 所示。

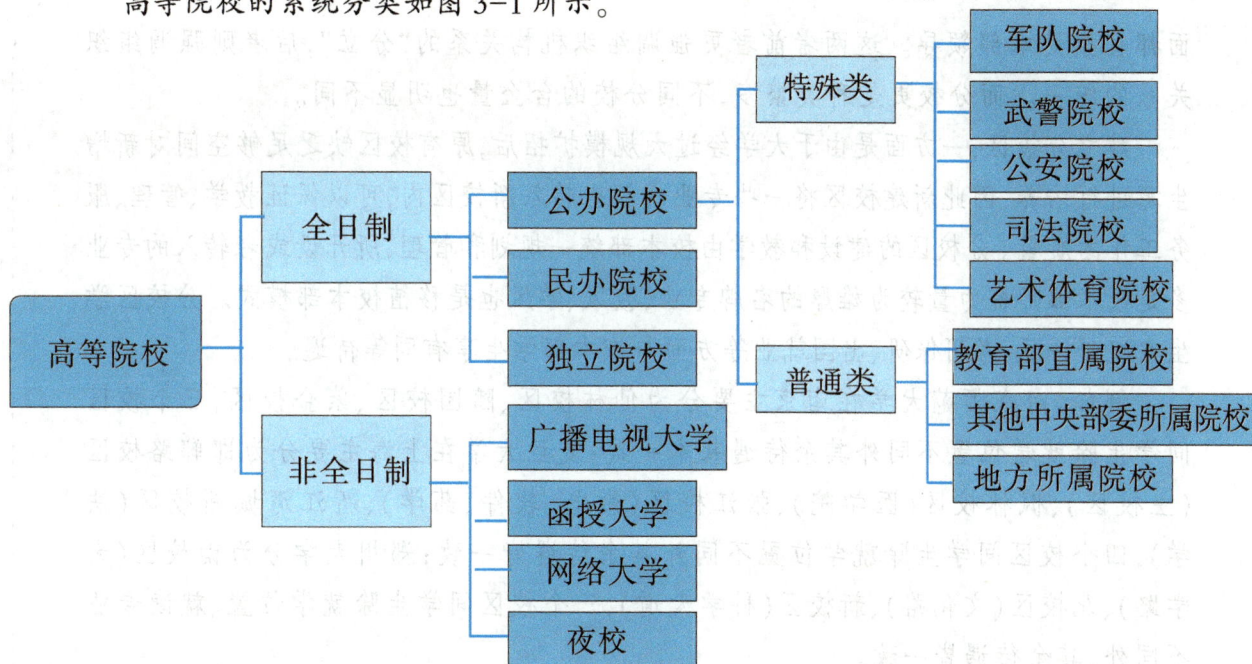

图 3-1　高等院校的系统分类

什么是独立学院？

独立学院是指实施本科教育的普通高等学校与国家机构以外的社会组织或者个人合作，利用非国家财政性经费，面向社会依法举办的实施本科学历教育的高等学校。独立学院具有独立法人资格，有独立的校园校舍，可以独立进行教学和财产管理、招生和颁发毕业证书。独立学院属于本科层次，由教育部负责审批。凡未经教育部审批的，国家均不承认其学历。

独立学院采取民办机制，不享受国家财政拨款，学校自负盈亏，因此一般收费比普通高校要高。同时，它与母体高校只存在校名间的关系，教学、招生、管理、财务与总校完全脱离，故因此而得名。

独立学院与一般民办院校的主要区别在于：民办院校完全由社会力量独资办校，而独立院校则是由普通本科高校与社会力量合作兴办的。

分校 VS 分校区

在人们一般的称呼习惯中，常常把"分校"和"分校区"合二为一，统称为"分校"，然而两者是有着本质的不同的。

1.接受本部统一领导还是独立于外

从严格意义上讲，分校大多是与本校在教学管理方面相对独立的办学机构，而分校区大多是指与本校除地理区位不同外其余方面皆保持一致的本校分部，在各方面都直接受本部领导。这两者前者更强调组织机构关系的"分立",后者则强调组织关系的统一。而分校更是种类繁多,不同分校的含金量也明显不同。

建立分校区,一方面是由于大学经过大规模扩招后,原有校区缺乏足够空间对新增生源进行培养,因此新建校区将一些专业或新生转入新校区内,可以保证教学、管理、服务工作的质量。分校区的建设和教学由校本部统一规划和管理,所开设或者转入的专业多是校本部师资力量较为雄厚的名牌专业,教风、学风也是移植校本部模式。分校区学生在奖贷评优、考研保研、出国就业等方面与校本部学生享有同等待遇。

例如,南京师范大学在南京主要分为仙林校区、随园校区、紫金校区,三个校区间学生除就学位置不同外其余待遇基本一致;复旦大学在上海主要分为邯郸路校区(主校区)、枫林校区(医学院)、张江校区(微电、软件、药学)、新江湾城新校区(法学),四个校区间学生除就学位置不同外其余待遇皆一致;郑州大学分为南校区(大学路)、北校区(文化路)、新校区(科学大道),三个校区间学生除就学位置、就读专业不同外,其余待遇皆一致。

2.本部统一招生还是独立招生

分校和分校区最大的区别在于,大学分校区一般没有独立招生的权力。生源主要依靠校本部统招,再根据专业和年级分配到各个校区,因而生源质量有极好的保证。与此不同的是,分校的招生工作基本独立于校本部,通常在招录分数线上要低于本部。

3.毕业证可能一致,也有可能备注

在分校与分校区的区别中,不得不提及的就是所颁发的毕业证书,但毕业证书只能作为参考,不能作为唯一的鉴别标准。为什么这么说呢?因为,不管是分校还是分校区,毕业生的本科毕业证书由校本部统一颁发,证书的封皮样式和文字与校本部毫无差别,证书内芯同样加盖本部公章和本部校长印。只是,分校的证书内芯的文字表述有两种方式。

第一种,分校与校本部完全一致,如山东大学的威海分校,成功转化为山东大学分校区,在各类学历学位证书方面实现了完全一致。

第二种,分校表述与校本部稍有不同,文字上会注明"某某校区"或"某某分校",如秦皇岛分校是东北大学的组成部分,东北大学秦皇岛分校学生毕业后由东北大学统一颁发证书,盖东北大学公章,但是专业前面会写秦皇岛分校几个字。

全面了解我国各高等院校的基本途径

1.在教育部"阳光高考"信息平台上查询。其中,各个高校的招生章程,是经过教育行政部门严格审核过的,可信度高,信息量大。

2.直接到有关高校去实地考察。

3.上网搜索各类大学的排行榜。

4.向已经考入大学的学长学姐们咨询。

5.到各地举办的高考招生咨询会上咨询。

6.浏览各个大学的官方网站。

7.按各高校招生办公室公布的联系方式直接联系、咨询。

【生涯体验】

寻找自己心仪的大学

请你按先后顺序写出自己心目中向往的6所大学，并通过不同途径对这些大学的特点及办学的基本情况进行全面了解，在此基础上完成下表。

表 3–5

我心仪的大学							
该大学的前身							
归属情况							
办学性质							
所属类型							
地理位置							
优势学科							
特色专业							
学科带头人及研究方向							
学校排名							
是否属于"双一流"							
近三年招生录取最低分							
是否适合我报考	老师意见						
	家长看法						
	我的观点						

思考并讨论：

1.我能考上心仪的那所大学吗？能考上的理由或根据有哪些？

2.高中阶段我要为我心仪的大学准备什么？

了解大学的误区

1.只看社会排名。社会排名虽有一定的参考价值,但有局限性,只能作为参考因素之一。大学的教育质量、学科实力、升学情况、师生比、相关专业的就业率、图书馆藏书种类和数量等,这些因素都与进入大学后的学习有关。

2.受到地域限制。不可否认,如北上广等一线城市经济发达,文化建设好,考生就读后耳濡目染,对成长有所帮助。但是考生集中报考该地区的学校,也使得这些地区的高校录取分数较高;相反,一些非热门地区实力相当的高校因为受地域限制,录取分数并不高。

3.望文生义。判断大学的办学水平不能简单地从大学的校名来看,有些大学对于考生来说是陌生的,但却在考生感兴趣的专业方面特色鲜明、优势突出,比如长安大学的公路交通、汽车机械、地质资源、土木工程等,都是优势专业,交通运输工程更是享誉亚洲。有些大学的优势更多地体现在学科特色和行业背景,而有些大学具备地域优势等。

【生涯认知】

"

人们常说,大学中有一半人的专业不是自己选的;自己选了专业的人中有一半不知道这个专业是学什么的;知道这个专业学什么的人中有一半不知道学完了干什么;知道学完了干什么的人中有一半不想从事这个行业。这话说得颇耐人寻味,值得我们好好琢磨。

"

高中生在填报高考志愿之时必须选择专业,专业的选定将直接影响此后学习的内容、方向、体验,以及未来的职业。选择专业与选择大学同样重要,甚至更加重要,却往往是高中生的盲区。所以在选择专业之前有必要完成对专业的探索。下面我们来看一下专业选择的基本路径。

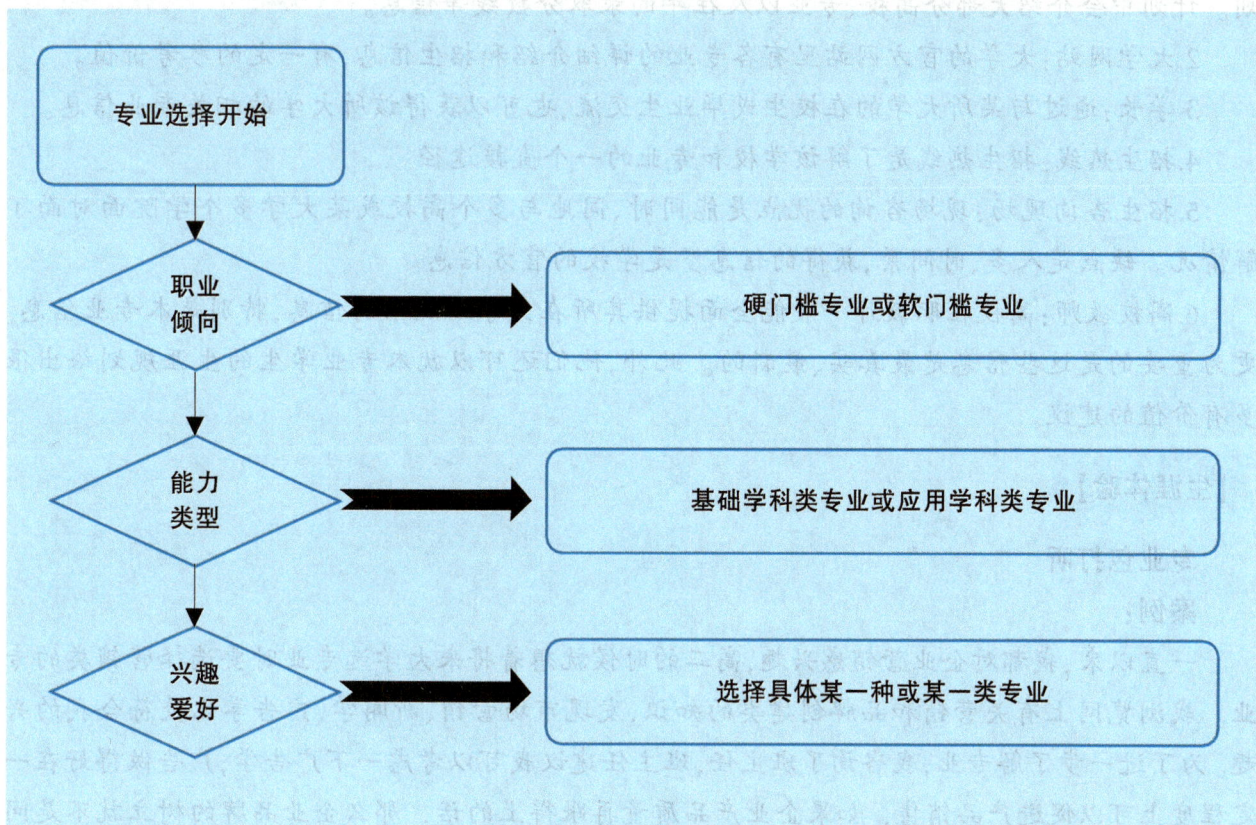

图 3-2　专业选择的基本路径

在图 3-2 中可以看到,完成自我探索是选择专业的前提,这些在我们之前的课程中已经涉及过,此外,高中各科的学业成绩也是了解自己的一个重要的参考因素。虽然自我探索的结果可以帮助我们圈定专业选择的范围,但是尚不能更精准地指向某一个具体的专业,所以还需要进一步收集信息。收集信息的方式有以下三个步骤。

第一,网络检索。学科设置及专业介绍等信息可以在互联网上进行检索。教育部"阳光高考网"以及正规大学的官方网站上都会提供比较权威的专业介绍。但是此类介绍采用的书面表述方式可能令人不太容易理解。

第二,人物访谈。向某个专业领域正在学习或者已经毕业的人进行比较细致的访谈,可以获得比网络检索更加丰富和实际的信息。访谈前可以先做一定的网络检索,然后带着依然不清楚的问题进行深入提问。

第三,直接体验。所谓对专业的直接体验,就是接触某一门专业的核心课程信息,真实地感受该专业的核心知识。例如,在网络检索或者对生涯人物访谈以后,找出某个专业的 5 个核心课程,然后到图书馆或者书店找到与核心课程相关的教材和读物,直接进行阅读。或者在网上检索该专业核心课程的大学网络公开课,进行课程的试听。

了解专业的途径

1.高校招生计划:通常情况下,每个学校都会下发由当地教育考试院编印的各高校招生计划。计划中会介绍大部分高校、专业以及往年的录取分数线等信息。

2.大学网站:大学的官方网站里有各专业的详细介绍和招生信息,有一定的参考价值。

3.学长:通过与某所大学的在校生或毕业生交流,也可以获得该所大学的相关专业信息。

4.招生热线:招生热线是了解该学校和专业的一个直接途径。

5.招生咨询现场:现场咨询的优点是能同时、同地与多个高校或某大学多个学院面对面了解情况。缺点是人多、时间紧,获得的信息多是学校的官方信息。

6.高校教师:高校在职教师一般能全面提供其所在大学的院系的信息,特别是本专业信息。更为重要的是这些信息是最真实、最新的。此外,他们还可以就本专业学生的生涯规划给出很多有价值的建议。

【生涯体验】

专业包打听

案例:

一直以来,我都对企业营销感兴趣,高二的时候就想着将来大学选专业时要选择营销类的专业。我浏览网上有关营销和品牌创建类的知识,发现市场营销、新闻学、广告学比较符合我的兴趣。为了进一步了解专业,我咨询了班主任,班主任建议我可以考虑一下广告学,广告做得好在一定程度上可以促进产品销售,如果企业产品质量再跟得上的话,那么企业品牌的树立就不是问题。班主任的提醒激发了我的兴趣,于是,我在网上搜集广告学相关课程,发现广告学专业的主干课程是《广告学概论》《广告策划》《广告创意》《市场调查》《传播学概论》《经济学原理》《平面构图与设计》等。我在网上找了一份《人才培养方案》,里面详细地介绍了这些课程的学习内容。我发现《广告策划》《广告创意》《市场调查》是我比较感兴趣的课程,而《经济学原理》《平面构图与设计》学习起来估计会有些难度。《经济学原理》需要拥有基本的数学知识,《平面构图与设计》则需要有一定的艺术修养,而我的数学成绩一直不好,艺术细胞也比较欠缺。

我发现北京大学、中国传媒大学、厦门大学、武汉大学等诸多高校都开设了广告学专业课程。这些知名学校的广告学专业排名都很靠前,但结合自己的实际情况,我还是选中了省内一所一本高校。随后我了解了这个专业对应的职业,发现这个专业的就业范围比较广,可以在新闻媒介、广告公司以及企事业单位从事广告经营管理、广告策划和设计制作、市场营销策划及市场调查分析等工作。收集了这些信息后,我征求了家人和老师的意见。爸妈认为只要我有兴趣就可以,读大学的表哥也认为这个专业前景不错。我还在网上联系了正在高校读广告学专业的学姐,她介绍了广告学专业的由来、将来的发展,以及在学习广告学专业中需要着重培养的能力,她还特别强调了审美素养的提升、新闻知识的学习,还有数学基本知识的掌握。

经过这些探索,我进一步坚定了学习广告学专业的信心,并打算在今后的学习中有针对性地提升各方面的能力,为步入大学做准备。

我的专业包打听：

第一步：确定感兴趣的专业

我感兴趣的专业有：

我对这些专业感兴趣的理由是：

第二步：了解专业详情

我打算从哪些渠道了解专业：

这个专业开设的课程有：

这些课程中让我感到好奇的课程是：

这些课程中我认为自己能学好的是：

这些课程中我担心自己学不好的是：

第三步：了解该专业在高校的开设情况

开设这个专业的高校有：

这个专业的排名情况：

第四步：专业对应的职业

这个专业对应的职业有：

我们以考试时间的先后顺序来解读一下高考新改革。

1.合格考：合格考试的内容是课程方案里面的必修内容。从学分上来看，高中学生完成相应课程规定学时的学习并考核合格，即可获得相应学分。学生毕业的学分要求为144学分，其中，必修课程88学分，选修Ⅰ课程(2018级以后称为选择性必修课程)不少于42学分，选修Ⅱ课程(含各学科课程标准中选修Ⅱ模块、专题教育及地方课程、校本课程，2018级以后称为选修课程)不少于14学分。合格考成绩合格是学生拿到高中毕业证的必要条件。合格考一年考2次，一般在6月和12月进行，使用ABCD四个等级评价，分为"合格"和"不合格"。在高一下学期期末，学生就可以从历史、地理、物理、化学、生物5门科目里面任选3门进行考试。建议先考不选的3门考试，这样考完之后就没有后顾之忧了，可以专心致志地进行除语数外之外的另外3门的复习。高二上学期末可以进行语文、数学、外语、政治4门科目的合格考，高二下学期期末可以进行技术的合格考。分值都是100分，除语文考试时间为120分钟外，其余均为90分钟。合格考较之以往的学业水平考试，难度降低了。

2.等级考：合格考合格以后才能参加等级考。从政史地理化生6门科目里任选3门(20种组合选择)，选择的这3门就是高考的3门。等级考成绩分为5个等级，每个科目只为在校生提供一次考试机会，时间为高三上学期期末，报名参加夏季高考的所有人员均需参加等级考试。

等级考试科目的等级计分规则

学生自主选择的3门等级考试科目按等级分计入高考总成绩。将每个等级考试科目的卷面原始成绩，参照正态分布原则划分为八个等级并确定相应比例(左列)，将八个等级内考生原始成绩依照等比例转换法则，分别转换到八个分数区间(右列)，得到考生的等级成绩。

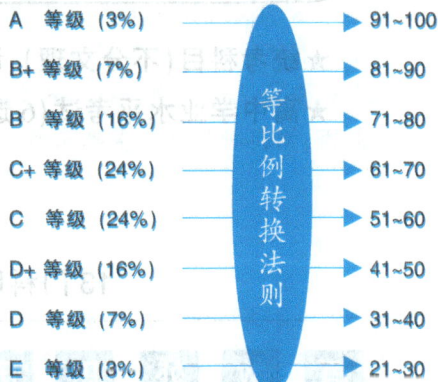

A　等级　(3%)	91~100
B+ 等级　(7%)	81~90
B　等级　(16%)	71~80
C+ 等级　(24%)	61~70
C　等级　(24%)	51~60
D+ 等级　(16%)	41~50
D　等级　(7%)	31~40
E　等级　(3%)	21~30

等比例转换法则

考试形式	具体内容	组织方式	考试科目	条件要求	考试时间	成绩呈现
合格考试	覆盖国家课程方案规定的所有科目，成绩以"合格"或"不合格"呈现	1.普通高中在校学生均应参加合格考试，其中参加夏季高考的学生应参加等级考试 2.考试由省教育厅统一组织管理，省教育招生考试院具体实施	语文、数学、外语、思想政治、历史、地理、物理、化学、生物、信息技术、通用技术、音乐、美术、体育与健康等科目	高中学生所选等级考试科目的学业水平合格考试的成绩必须达到合格，不合格者不得作为等级考试科目。	合格考试每学年组织2次，分别安排在每学年上、下学期期末	合格考试科目成绩分为"合格"和"不合格"
等级考试	1. 等级考试科目根据国家要求结合我省实际设定，成绩以等级形式呈现 2.纳入夏季高考招生录取		学生可根据自身兴趣、志向、优势和高等学校招生要求，从思想政治、历史、地理、物理、化学、生物6个科目中，自主选择3个科目参加等级考试		等级考试每年组织1次，时间安排在6月份夏季高考(统一高考)后进行	等级考试科目成绩按照等级呈现，依据转换规则转换后计入高考总成绩

3.全国统考(夏季高考):语文、数学、英语采用全国卷,其中英语有2次考试机会,考试时间为高三下学期6月份。

自2020年起(2017年秋季高中入学新生开始),夏季高考统一考试成绩由3+3组成,总分750分	全国统考 不分文理 外语2次机会 语文　数学　外语　　**3**　150分/门 必选 **+** 政治　历史　地理 物理　化学　生物　**3**　100分/门 任选3门		考试科目	考试时间	考试机会	成绩
			语文数学	每年6月份按照国家统一高考时间进行	1次	原始分计入
			外语	1.听力在高三上学期期末进行 2.笔试在6月份国家统一高考期间进行	听力2次 笔试1次	1.听力+笔试(原始分计入) 2.听力取2次考试中最高成绩

4.录取:一本、二本科同批次录取,采用专业+高校模式。

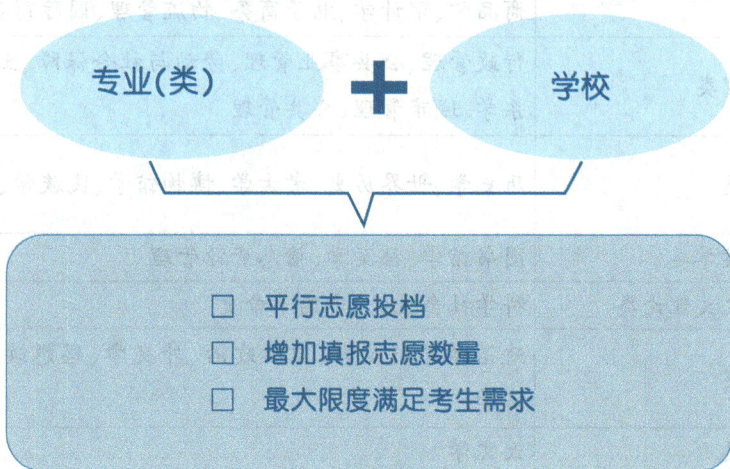

图3-3

【生涯认知】

表3-6　高中课程与大学专业的衔接

高中课程	专业大类	专业细分
语文	中国语言文学类	汉语言文学、汉语言、对外汉语、少数民族语言、古典文献、中国语言文化、应用语言学
	新闻传播学类	新闻学、广播电视新闻学、广告学、编辑出版学、媒体创意、新媒体与信息网络
	教育学类	教育学、特殊教育、小学教育、教育及数学、艺术教育、人文教育、科学教育
英语	外国语言类	各国语言

续表

高中课程	专业大类	专业细分
思想政治	哲学类	哲学、逻辑学、宗教学、伦理学
	法学类	法学、监狱学
	马克思主义理论类	科学社会主义、中国革命史
	社会学类	社会学、社会工作、家政学、人类学
	政治学类	政治学与行政学、国际政治、外交学、思想政治教育、国际政治经济学
	管理类	管理科学、信息管理与信息系统、工业工程、工程管理、工程造价
	农业经济管理类	农业经济管理、农村区域发展
	工商管理类	工商管理、市场营销、会计学、财务管理、人力资源管理、旅游管理、商品学、审计学、电子商务、物流管理、国际商务
	公共管理类	行政管理、公共事业管理、劳动与社会保障、土地资源管理、公共关系学、城市管理、公共管理
历史	历史学类	历史学、世界历史、考古学、博物馆学、民族学、文物保护技术
	图书档案学类	图书馆学、档案学、信息资源管理
	马克思主义理论类	科学社会主义、中国革命史
	政治学类	政治学与行政学、国际政治、外交学、思想政治教育、国际政治经济学
地理	天文学类	天文学
	地质学类	地质学、地球化学
	地理科学类	地理科学、资源环境与城乡规划管理、地理信息系统、地球信息科学与技术
	大气科学类	大气科学、应用气象学
	海洋科学类	海洋科学、海洋技术、海洋管理、军事海洋学
	测绘类	测绘工程、遥感科学与技术、空间信息与数字技术化学
化学	化学类	化学、应用化学、分子科学与工程
	化工与制药类	化学工程与工艺、制药工程、化工与制药、能源化学工程、生物制药
	环境与安全类	环境工程、安全工程、水质科学技术、灾害防治工程
	轻工纺织食品类	食品科学与工程、轻化工程、包装工程、印刷工程、纺织工程等
	材料类	冶金工程、金属材料工程、无机非金属管材料工程、高分子材料与工程、材料科学与工程、宝石及材料工艺学、纳米材料与技术、新能源材料、资源循环科学与工程等

续表

高中课程	专业大类	专业细分
数学	数学类	数学与应用数学、信息与计算科学
	经济学类	经济学、国际经济与贸易学、财政学、金融学、国民经济管理、贸易经济、保险、海洋经济学、金融工程、税务、信用管理、网络经济学、体育经济、投资学、环境资源与发展经济学、能源经济
	心理学类	心理学、应用心理学
	统计学类	统计学
物理	物理学类	物理学、应用物理学、声学
	地矿类	采矿工程、石油工程、矿物加工工程、勘查技术与工程、资源勘查工程、地质工程、矿物资源工程、海洋油气工程
	机械类	机械设计制造及其自动化、材料成型与控制工程、过程装备与控制工程、机械工程及其自动化、车辆工程、机械电子工程
	仪器仪表类	测控技术与仪器
	电子信息科学类	电子信息科学类、微电子学、光信息科学与技术、信息科学技术、光电子技术科
	学电气信息类	电器工程及其自动化、电子信息工程、通信工程、自动化、计算机科学与技术、生物医学工程、信息工程、软件工程、光电信息工程、数字媒体技术、物联网工程、传感网工程等
	土建类	建筑学、城市规划、土木工程、建筑环境与设备工程、给水排水功能、历史建筑保护工程、水务工程、道路桥梁与渡河工程
	水利类	水利水电工程、水文与水资源工程、港口航道与海岸工程、港口海岸机治河工程、水资源与海洋工程
	能源动力类	热能与动力工程、核工程与核技术、工程物理、能源与环境系统工程
	交通运输类	交通运输、交通工程、飞行技术、航海技术、轮机工程、物流工程、海事管理、交通设备信息工程
	海洋工程类	船舶与海洋工程、海洋工程与技术、海洋资源开发技术
	航空航天类	飞行器设计与工程、飞行器动力工程、飞行器环境与生命保障工程
	武器类	武器系统与发射工程、探测制导与控制技术、弹药工程与爆炸技术、特种能源工程与演化技术、地面武器机动工程、信息对抗技术
	工程力学类	工程力学、工程结构分析

续表

高中课程	专业大类	专业细分
物理	公安技术类	刑事科学技术、消防工程、安全防范工程、交通管理工程、核生化工程
	农业工程类	农业机械化及其自动化、农业电气化与自动化、农业建筑环境与能源工程、农业水利工程、农业工程、生物系统工程
	林业工程类	森林工程、木材料学与工程、林产化工生物
生物	科学类	生物科学、生物技术、生物信息学、生物信息技术、动植物检疫、生物化学与分子生物学、医学信息学、植物生物技术、动物生物技术
	生物工程类	生物工程
	医学类	基础医学、预防医学、临床医学、口腔医学、中医医学、法医学、护理学、药学
	环境科学类	环境科学、生态学、环境资源科学
	植物生产类	农学、园艺、植物保护、茶学、烟草、植物科学与技术、种子科学和工程、应用生物科学
	草业科学类	草业科学
	森林资源类	林雪、森林资源保护与游憩、野生动物与自然保护区管理
	环境生态类	园林、水土保持与荒漠化防治、农业资源与环境
	动物生产类	动物科学、蚕学、蜂学
	动物医学类	动物医学
	水产类	水产养殖学、海洋渔业科学与技术
艺术	美术类	绘画、雕塑、美术学、艺术设计、摄影、动画、艺术学
	音乐类	音乐学、作曲与作曲技术理论、音乐表演、录音艺术
	表演类	舞蹈学、舞蹈编导、戏剧学、表演、导演、戏剧影视文学、播音与主持艺术、广播电视编导、影视学
体育	体育学院	体育教育、运动训练、社会体育、运动人体科学、民族传统体育

备注:表中内容不是高校专业对于等级考试的科目要求,该表格主要是讲述高中课程与高校某些专业知识承接的情况。大学很多专业课程与高中课程关联不大,比如法学专业的《民法》《刑法》,而有些专业课程需要高中知识作为学习的基础,比如《大学物理》的学习需要以高中物理和数学作为基础。

"小三门"的学科特点

高考改革3+3之后,"小三门"的选择成为一个逆推的过程,同学们必须要清楚报考专业和学科之间的关系,这样才能保证填写的志愿正确有效。"小三门"是指除语、数、外之外,在历史、政治、地理、物理、化学、生物这6门科目中自主选择3门。

这6门学科中每一门学科的学习偏重都有所不同，所要求的能力与方法也不尽相同。我们可在了解每一门学科特点、所需技能之后，考量自己的学习特长与优势是否适合这门课的学习，权衡之后再进行理性选择。通俗来说，就是在花费同等的时间、同样的精力之后，哪一门学科能够获得更好的成绩。

表3-7 高中6门科目的能力要求与学习方法

物理	高中物理知识量大；理论性强，要深入理解，作定量研究，教材的抽象性和概括性大大加强；系统性强，常以某些基础理论为纲，根据一定的逻辑，把基本概念、基本原理、基本方法联结起来，构成一个完整的知识体系；综合性增强，学科间知识相互渗透，加深了学习难度，如分析计算物理题，要具备数学的函数、解方程等知识技能
	重在理解与思维：物理课程的学习，事实上是理解能力和思维应用的过程，学生需要有较强的理解分析能力
化学	抽象性，高中化学课程中包含大量的定性与定量分析，侧重于抽象思维，在抽象思维的基础上建立化学概念和规律；复杂性，教学内容有深度、有难度、化学方程式多，需要花时间和精力去学习；以实验为基础，实验能为化学学习提供必要的感性材料，有利于理解化学概念和原理，形成科学的思想和观念；记忆知识点多，化学的内容杂、知识点多，很多实验结论只能靠自己去记忆；注重实践，在学习化学的过程中，要从实际生活出发，从熟知的日常生活中感受化学的产生发展过程，体会其中的化学机理，学会将化学知识应用于实践中，解决生活中遇到的种种问题
	重在理解与训练：化学重在对概念、原理的理解以及对规律的掌握。化学的学习主要是在理解的基础上，进行记忆，并辅以训练
地理	高中地理中的自然地理必修部分包括宇宙中的地球、地球上的大气(大气圈)、地球上的水(水圈)、地表形态的塑造(岩石圈)、自然地理环境的整体性与差异性等；必修第二部分包括人口、城市、工农业、交通运输等人文地理，属于文理科兼容的学科，既需要较多的逻辑思维又需要在理解的基础上加强记忆。地理学习离不开地图，必须重视地图，识图、用图也是地理学科最重要的基本技能
	重在理解与记忆：学习地理时强调理解与记忆，侧重于对地理原理、地理规律的理解运用，在理解之后，深入记忆巩固所学知识
生物	高中生物理论性、知识性强，知识点庞杂，需要不断积累；应用性、实践性强，与生产、生活联系密切；学习途径广泛，不局限于课本，书籍、报刊、野外考察、农业生产等都是学习生物知识的途径；具有发展性，要有发展的观点，避免绝对化；注重观察与实验，实验操作动手能力非常重要
	重在记忆与训练：学习生物对记忆的要求较高，必须要清楚概念、原理、规律，进行总结归纳之后形成知识网络。在学习这些知识的过程中，还要通过不断训练，进行理解，融会贯通

续表

历史	相较于初中历史,高中历史更注重历史事件之间的联系,强调历史规律的作用;对比分析和总结的部分更加灵活;简而言之就是史论结合、知识点多而交叉,需要根据史实基础进行思考和分析而非单纯的死记硬背
	重在记忆与思维:对于历史的学习,需要理解教材,将知识点"串"起来,形成知识链,在此基础上进行记忆,做到"心中有书"。注意把握历史事件的前后关系,逻辑上的因果关系
政治	与初中思想品德课相互衔接,与时事政策教育相互补充,与人文、社会学习领域其他科目的教学相互支撑;高中政治注重与大学接轨,在知识体系、思维层次上都发生了突变,起点高、容量大,思维能力要求高,叙述严谨
	重在记忆与思维:学习政治需要运用所学理论知识多角度地认识和分析一个问题,对同一类社会问题进行概括和归纳,这需要思维能力、思辨能力。同时,政治应注重反复看书进行记忆,吃透知识点

【生涯体验】

静下心来,全面思考,填写下表3-8。

表3-8

学习兴趣部分	我最喜欢的科目是:	因为:
	我最不喜欢的科目是:	因为:
学习能力部分	我最容易领悟或拿高分的科目是:	因为:
	我学习最困难的科目是:	因为:

表3-9　高一学科成绩表

		语文	数学	英语	物理	化学	生物	地理	政治	历史
第一学期	期中成绩									
	班级平均分									
第二学期	期中成绩									
	班级平均分									
学习状况		□容易 □普通 □困难	□容易 □普通 □困难	□容易 □普通 □困难	□容易 □普通 □困难	□容易 □普通 □困难	□容易 □普通 □困难	□容易 □普通 □困难	□容易 □普通 □困难	□容易 □普通 □困难
投入时间		□较多 □一般 □较少	□较多 □一般 □较少	□较多 □一般 □较少	□较多 □一般 □较少	□较多 □一般 □较少	□较多 □一般 □较少	□较多 □一般 □较少	□较多 □一般 □较少	□较多 □一般 □较少
成绩在班上的相对位置		□前25% □前50% □后50% □后25%	□前25% □前50% □后50% □后25%	□前25% □前50% □后50% □后25%	□前25% □前50% □后50% □后25%	□前25% □前50% □后50% □后25%	□前25% □前50% □后50% □后25%	□前25% □前50% □后50% □后25%	□前25% □前50% □后50% □后25%	□前25% □前50% □后50% □后25%
最优势的三科(从高到低)		1.	2.	3.						

【生涯拓展】

选课百宝箱

【Q1】为什么要选课？

A:不同的人、不同的个体会有不同的个性、想法和思考模式,所以在能力和兴趣等方面也不完全相同。选课是为了帮助同学们能逐步地发现自己的兴趣,明确自己未来的发展方向,然后针对自身需求强化相关的知识,从而为进入大学做好充分准备。

【Q2】选课时要考虑哪些因素？

A:①个人的兴趣与能力;②在校的课业表现;③个人的个性与特质;④大学院系入学要求;⑤未来打算从事职业的性质;⑥价值观,包括个人、家庭、社会方面。

【Q3】选课或选职业时,兴趣比能力重要(或能力比兴趣重要)吗？

A:根据美国著名心理学家斯温的"生涯金三角"理论,一般情况下,兴趣是前提,但能力与其他因素(如个人性格、价值观、出路等)也要充分考虑。兴趣是学习的动力,只要有学习兴趣,即便学习基础不好,若以勤能补拙的态度对待学习,则学习定能成功。由此可见,在编织人生梦想时,兴趣比能力更重要。但有时我们也不难发现某些学生在学习上,由于该学科能力有限,无法突破瓶颈而热情逐渐降低;甚至勉强从不擅长的院系毕业后,也可能在就业时因为不擅长而被迫改换职业。生涯能力的先天成分较大,犹如引擎之于汽车,代表的是速度力;兴趣后天可以培养,犹如油量之于汽车,代表的是持续力。在其他条件不变的情况下,能力仍是最后成功与否的关键。因此如何找到这两者之间的平衡,是很重要的课题,需要对自身有充分的了解。

【Q4】不能确定自己的兴趣,也没有特别擅长的部分(或几个学科学得都很不错),该如何选课?

A:每个同学从小学到初中都学习过许多科目,而每个同学都会有比较擅长或者不擅长的科目。首先可以仔细回想在整个求学过程中,是否有特别喜爱或者不喜爱的学科,然后可以做初步分析及筛选,发现自己较偏爱哪一个学群或类别;如果仍不清楚自己的兴趣,也可以依照目前的学业状况及成绩表现来选课。同学们可以到学校学生发展指导中心或采取其他科学方式进行测验,还可以查阅书籍,或者与学长学姐交流相关的经验等,千万不要害怕问问题,因为自己的未来就掌握自己的手中。

【Q5】很喜欢某学科,但是觉得能力不足,怎么办?

A:已经认识到自己的兴趣,表明你对自己已经有了一定程度的了解,所以,可以先对自己的能力进行评估,是不是可以在此兴趣上有再深入、更上一层楼的空间。若希望向此兴趣学科发展,可以先听取老师、同学和朋友的建议或看法,也可以利用课余时间发展自己的兴趣,定能提升自我能力。

【Q6】如果很擅长某个学科,该选择哪一学科群比较有优势?

A:如果以自己的擅长学科作为选课的条件之一,可以先找到此科目属于哪一个组,然后再选择组别;当然,除了以擅长的学科作为选组因素之外,也可以结合自己的兴趣或是综合父母、师长的建议,或者参考测验结果,然后再做出最适合自己的决定。

【Q7】选择未来有前景的专业,还是选择感兴趣、擅长的专业?

A:①作为选择学科的依据,无论是以前景为优先考量还是以兴趣为基准,皆有其利弊。如果以前景为优先考量,当前社会的热门专业在大学生群体中高度普及,拥有硕士学位、双学位或博士学位者也不在少数。从走出校门找工作开始,我们会遇到许多障碍,所以如果现在能选定前景发展良好的专业,未来就业就会相对容易。相对的,所谓的热门专业,通常是反映出当下社会环境里人力需求较高或是薪资水平较高的专业,未来可能成为冷门专业。试想从你选课和专业选择到进入职场就业,可能是7~9年之后,这段时间内,原本热门的专业可能降温,而原本冷门的专业可能升温,不见得热门专业就一定能吃香,没有人能够保证某些专业永远有光明的前景。②若以兴趣作为自身选择的基准,那么在学习的过程中,就会增强主动学习的动力,当然也可能习得更多的知识及经验。兴趣是自我发展的原动力,不要轻易听信"兴趣不能当饭吃"的错误观点。众所周知,现代社会大众易于接受新事物,如果能将兴趣与工作有机结合,自我的专业潜力就会最大限度地得到挖掘,自身的价值就会得到最大限度的实现。③建议同学们选择专业和选课时优先考虑自己的能力与兴趣,再参考其他相关信息,比如父母的经验与期望、社会的环境趋势、自己的特长与目标等,这样才能做出最佳的选择。

【Q8】当个人选择与父母期望相冲突时,该如何做出选择?

A:①应积极与父母沟通,让他们充分了解自己做出决定的整个过程,如让父母知道自己的测试和学科兴趣、自己在学校的各科成绩等。一定让父母知道,自己的决定是经过整体性考虑的结果。一旦父母了解了你的整个决策过程,一般会接受你做出的抉择。②如果与父母的想法和观点不一致时,应心平气和地与父母沟通,尽可能了解父母的想法与用心,并阐述自己的想法,愿意对选择可能产生的结果负责,相信父母在听取与了解你的想法后,能够尊重你的决定。③同学们做出决定时,要充分考虑社会的发展趋势、父母的期望或者亲朋好友的看法。当然,这并非唯一必须遵守的原则。最重要的还是要充分考虑自身的能力是否可以胜任或者是否有兴趣,如果对于某个专业或者学科不感兴趣,切不可为了顾忌他人面子、自己的虚荣心、他人的游说或其他因素而勉强选择,更不要抱着尝试的心态做出选择,因为这个决定对自己高中的学习与未来的生涯发展都有一定程度的影响。

【生涯探索】

表 3-9　课程选择平衡单

考虑因素		加权	选考科目										
			物理		化学		生物		地理		历史		政治	
			得分	加权后	得分	加权后	得分	加权后	得分	加权后	得分	加权后	得分	加权后
个人	感兴趣													
	擅长、易掌握													
	成绩好、基础好													
	心理的需要													
	理想的需要													
学校	教师资源好													
	同学建议													
	学校优势学科													
	教师建议													
家庭	家人建议													
	家人资源													
	其他													
未来	专业偏好													
	选择高校(或出国)													
	未来就业													
加权后合计														

填表注意事项:

1.加权:考虑因素的加权由自己定义,加权数在 1~5 之间,表示该因素的重要程度。

2.得分:同一考虑因素对应的每一科目得分在 -5~5 之间。

3.加权得分:加权后=加权×得分。例如,兴趣爱好的加权数是 5,而这一考虑因素下,物理得分为 5,化学得分为 -2,物理加权后是 25,化学加权后是 -10。

探索反思:

经过平衡后你决定选择的课程组合是什么?

当你做出选课组合之后,你将怎样统筹接下来的课程安排?

【拓展阅读】

高中学习的过程,不仅是增长知识和提高学习能力的过程,更是提高综合能力的过程。表3-10显示了你在学校课程和活动中提升的综合能力,以及这些能力在未来职业中的应用。

表 3-10

综合能力	在学校中培养的能力	培养能力的相关课程	对未来职业的帮助
交流技能	做课堂展示 与同学、老师的对话	语言与文学、人文与社会艺术 学生会、校报编辑 其他选修课	恰当自如地表达自己的观点 有效准备展示的成果 书写清晰简洁的信件和报告 必要时主动寻求帮助
合作技能	与同学友好相处 与别人一起探讨问题	人文与社会、技术、体育与健康 音乐、学生会、社团 其他选修课	积极融入团队合作 懂得与他人分享
时间管理技能	规定时间内完成作业或学习任务 提前或准时到达教室	全部课程和活动	规定时间内有效完成工作 善于统筹管理工作 合理安排工作时间
问题处理技能	分析信息、理解问题、定位问题、处理问题	技术、科学、人文与社会、学生会工作 其他相关选修课	精确定位问题;清晰分析问题 评估局势,鉴定任务 善于收集利用信息做出决策 找到有效的解决方案
学习技能	提出问题、阅读并处理信息、利用图表、参加活动和社团、尝试新鲜事物、结识新朋友	全部课程 班级或学校活动	批判地思考、条理地行动 从在职培训中学习 有必要时更新技巧 从错误中学习
计算机技能	学习办公软件 学习数据库	科学、计算机选修课 相关社团活动	在工作场合运用计算机技术、新技术
聆听技能	听课、听讲座 记笔记、可视化信息处理	所有课程和活动	领会老师或组长的指示 帮助同学解决困惑 领会会议的关键信息
创造技能	创造性解决学习中的问题 不同的视角看问题	语言与文学、艺术、科学 艺术社团活动	另辟蹊径完成工作 创造高效积极的工作环境
领导技能	规划班级或学校活动 在体育活动中竞争合作	科学、历史、音乐、体育 学校活动	领导管理项目 统筹规划具体工作
……			

第四章　初试生涯决策

第一节 放眼职业世界——职业认识与探索

【生涯导读】

> 职业召唤就是有一样东西你发自内心地热爱它,它不一定是社会上最流行的,也不一定是让其他人羡慕的,但却是你内心热爱的。
>
> ——袁岳

【生涯触点】

职业在人的一生中占据着重要的地位,职业不仅仅是生存所需,也可以是精神所系。职业与家庭休闲等角色相互交织,密不可分,极大地影响着我们的人生幸福指数。探索职业世界,并非意味着现在就要确定将来从事什么职业。了解当下的工作图景,可以帮助我们思考未来的生涯期待:"我想要从事什么样的职业?""我想过怎样的人生?"同时也帮助我们预测未来可能产生的职业变革,以便预先做好准备。职业与大学的专业有着直接的联系,许多职业需要对应的专业知识积累,了解职业可以帮助我们更合理地选择大学专业,提升高中阶段的学习动力,有针对性地培养职业所需的能力素养。

【生涯认知】

作家	学生	教师	销售员	主持人
政治家	小偷	公务员	保姆	农民
总裁	志愿者	网球教练	家庭主妇	市场总监

上面的清单中,哪些不属于职业?你能猜出来吗?据你所知,什么是职业呢?

(一)职业的含义

职业是参与社会分工,利用专门的知识和技能,为社会创造物质财富和精神财富,获取合理的报酬,作为物质生活来源,并满足精神需求的工作。职业体现了劳动过程中专业的分工。但职业(Career)一词,不同于工作(job),它更多是指一种事业。

职业具有以下5个特点。

1.目的性,即职业活动以获得实物等报酬为目的。

2.社会性,即职业是从业人员在特定社会生活环境中所从事的一种与其他社会成员相互关联、相互服务的社会活动。

3.稳定性,即职业在一定的历史时期内形成,并具有较长的生命周期。

4.规范性,即职业必须符合国家法律和社会道德规范。

5.群体性,即职业必须具有一定的从业人数。

根据职业的含义,你猜对了吗?

志愿者以学习为主要目的,而不是以获得报酬为目的,不是职业。

小偷违反法律和道德规范,不是职业。

家务劳动是自发的家庭活动,不是职业。

(二)职业的分类

《中华人民共和国职业分类大典(2015 年版)》把我国职业划分为 8 个大类、75 个中类、434 个小类,共 1481 个职业。

表 4-1

大类	中类	职业描述
一、国家机关、党群组织、企业、事业单位负责人	1.中国共产党中央委员会和地方各级党组织负责人 2.国家机关及其工作机构负责人 3.民主党派和社会团体及其工作机构负责人 4.事业单位负责人 5.企业负责人	在中国共产党中央委员会和地方各级党组织,各级人民代表大会常务委员会,人民政协,人民法院,人民检察院,国家行政机关,各民主党派,工会、共青团、妇联等人民团体,群众自治组织和其他社团组织及其工作机构,企业、事业单位中担任领导职务并具有决策、管理权的人员
二、专业技术人员	1.科学研究人员 2.工程技术人员 3.农业技术人员 4.飞机和船舶技术人员 5.卫生专业技术人员 6.经济业务人员 7.金融业务人员 8.法律专业人员 9.教学人员 10.文学艺术工作人员 11.体育工作人员 12.新闻出版、文化工作人员 13.宗教职业者 14.其他专业技术人员	从事科学研究和专业技术工作的人员

续表

大类	中类	职业描述
三、办事人员和有关人员	1.行政办公人员 2.安全保卫和消防人员 3.邮政和电信业务人员 4.其他办事人员和有关人员	在国家机关、党群组织、企业、事业单位中从事行政业务、行政事务工作的人员和从事安全保卫、消防、邮电、应急救援工作等业务的人员
四、社会生产服务和生活服务人员	1.购销人员 2.仓储人员 3.餐饮服务人员 4.饭店、旅游及健身娱乐场所服务人员 5.运输服务人员 6.医疗卫生辅助服务人员 7.社会服务和居民生活服务人员 8.其他商业、服务业人员	从事商品批发零售、交通运输、仓储、邮政和快递、住宿和餐饮、信息传输、软件和信息技术以及金融、房地产、租赁和商务、技术辅助、生态保护、文化、体育和娱乐、医疗辅助等社会生产与生活服务工作的人员
五、农、林、牧、渔、水利业生产及辅助人员	1.种植业生产人员 2.林业生产及野生动植物保护人员 3.畜牧业生产人员 4.渔业生产人员 5.水利设施管理养护人员 6.其他农、林、牧、渔、水利业生产人员	从事农业、林业、畜牧业、渔业及水利业生产、管理、产品初加工的人员
六、生产、运输设备操作人员及有关人员	1.勘测及矿物开采人员 2.金属冶炼、轧制人员 3.化工产品生产人员 4.机械制造加工人员	从事矿产勘查、开采,产品生产制造,工程施工和运输设备操作的人员及有关人员
六、生产、运输设备操作人员及有关人员	5.机电产品装配人员 6.机械设备修理人员 7.电力设备安装、运行、检修及供电人员 8.电子元器件与设备制造、装配调试及维修人员 9.橡胶和塑料制品生产人员 10.纺织、针织、印染人员 11.裁剪缝纫和皮革、毛皮制品加工制作人员 12.粮油、食品、饮料生产加工及饲料生产加工人员 13.烟草及其制品加工人员 14.药品生产人员 15.木材加工、人造板生产及木材制品制作人员 16.制浆、造纸和纸制品生产加工人员 17.建筑材料生产加工人员	从事矿产勘查、开采,产品生产制造,工程施工和运输设备操作的人员及有关人员

续表

大类	中类	职业描述
六、生产、运输设备操作人员及有关人员	19.广播影视制品制作、播放及文物保护作业人员 20.印刷人员 21.工艺、美术品制作人员 22.文化教育、体育用品制作人员 23.工程施工人员 24.运输设备操作人员及有关人员 25.环境监测与废物处理人员 26.检验、计量人员 27.其他生产、运输设备操作人员及有关人员	从事矿产勘查、开采,产品生产制造,工程施工和运输设备操作的人员及有关人员
七、军人	军人	军人
八、不便分类的其他从业人员	不便分类的其他从业人员	不便分类的其他从业人员

（三）职业的变化

2015 年修订的《中华人民共和国职业分类大典》吐故纳新,取消了800 多个传统职业,例如"话务员""收购员""凸版和凹版制版工""唱片工"等;增加了300 多个新职业,包括"网络与信息安全管理员""动车组制师""基金发放员""风电机组制造工"等;为适应科技的发展还将一些传统职业如"光盘复制工""市话测量员""话务员"等调整为"音像制品复制工""信息通信网路测量员""呼叫中心服务员"等。

随着创新时代的全面到来,有的工作形态会逐步退出,而新兴的工作形态不断涌现,这是一个必然的趋势。因此,我们应该密切关注信息的动态发展,并以前瞻性的视角来看待这些信息。我们考虑未来的职业时,不必执着寻找一个终生的"铁饭碗",思维上要从"终身职业"转换为"终身学习",真正的铁饭碗是你自己不断修炼的核心竞争力。

> 新职业是指经济社会发展中已经存在一定规模的从业人员,具有相对成熟的职业技能,而《中华人民共和国职业分类大典》中暂未收录的职业。
>
> 新职业分两类,一类是全新职业,是指由于社会经济发展、技术进步和劳动组织方式变革而形成的新的社会群体性工作;一类是更新职业,是指原有职业活动内容因技术更新和劳动组织方式变革而发生质的变化的社会群体性工作。

未来职业特点

①职业的教育含金量增大。就业岗位需要更多受过良好教育、掌握最新技术的技术工人,单纯的体力劳动或机械操作职业将明显减少。如计算机系统分析师、金融分析师、投资咨询师、理财师等,对从业者的教育背景、知识技能的要求很高。

②职业要求不断更新。一些职业,因新的工作设备和条件变化,对职业内容有了新的要求。如行政工作人员,以前只要求具备较好的组织协调能力、文字能力、口头表达能力等。而现在除了要求他们具备上述能力外,还要求具备计算机辅助管理、办公自动化操作等能力。

③永久性职业减少。在知识经济条件下,越来越多的工作包含了知识的加工,而不是对物质的处理。只有少数人能拥有永久性的工作,而从事计时、计件或临时性职业的人会越来越多。

【生涯体验】

从下面的这篇文章中,你能发现或联想到哪些职业? 你知道与之相关或类似的职业有哪些吗?

今天,我和小伙伴们就要开始期待已久的自助游了,我真是兴奋啊!

这次旅游我们筹备已久,原本想直接找旅行社,但大家都怕被"导购",而且不自由,所以还是选择了从网上选购自助游项目。在选择乘坐高铁还是飞机时,我们不约而同地选择了飞机——这样可以节省很多花在路上的时间,更何况我们大多数人还没坐过飞机呢! 一大早,爸妈(要不是他们的律师事务所工作繁忙,他们是很想跟我们一起去休息放松一下的,可惜他们不像我们有这么长的暑假可以挥霍。)就开车送我去集合地点,我和伙伴们要从这里一起搭乘约好的快车去机场。到了才知道,伙伴们比我还要兴奋,早在那里等我了。我们在爸妈们一遍遍的叮嘱声中上了车,心却早已飞到了机场。司机师傅好像知道了我们的心情,车开得飞快,原计划两个小时的车程,一个半小时就到了。我们快乐地冲进机场大厅。我们6人中有4人是第一次坐飞机,刘明因为老爸在新疆当兵,经常跟老妈一起去探亲,已经坐过很多次了。在他的引导下,我们取票、托运行李、安检、候机、登机,一切都从容完成。这期间我还出了丑——飞机腾空而起后,空姐过来问我要A餐还是B餐、咖啡还是橙汁时,我先紧张地问:多少钱? 惹得刘明一路上一直笑我。

从机场出来,地接的导游已经在等我们了,她负责把我们送到预订的酒店。对了,忘了说,我们今天住宿的酒店很有特色,是民宿哟。浓浓的民俗风味一下子就吸引了我,房间的装饰,包括老板和店员的服装都满溢着地方特色。我真的好喜欢! 想想我们的精彩旅程明天就要开始了,我好期待!

表 4-2

	你发现或联想到的职业	与之相关或类似的职业
1		
2		
3		
4		
5		
6		
7		
8		
9		
10		

请与同学们交流一下,分享各自所填写的职业,并讨论以下问题。

1.哪些职业过去就有了？哪些则是近年来才涌现的新兴职业？

2.这些新兴职业的出现反映出怎样的社会发展状况？反映了人们生活的哪些需求？

3.根据当下的生活环境,如果让你大胆预测一下,你觉得未来还会有哪些新职业产生?你的依据是什么？

【生涯认知】

职业世界的探索途径

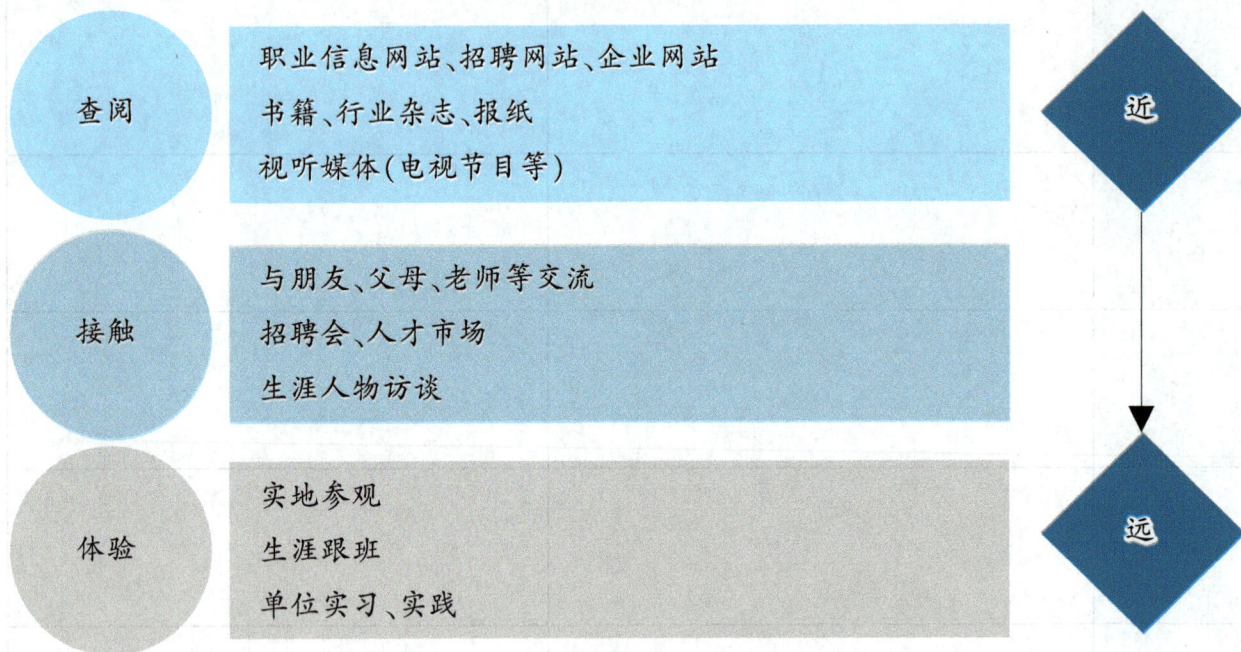

查阅	职业信息网站、招聘网站、企业网站 书籍、行业杂志、报纸 视听媒体(电视节目等)	近
接触	与朋友、父母、老师等交流 招聘会、人才市场 生涯人物访谈	
体验	实地参观 生涯跟班 单位实习、实践	远

图 4-1

一是查阅,即通过网络书籍和视听媒体等渠道获取职业资讯。这些信息与使用者较近,特别是网络搜集信息较为便捷,容易获得,信息丰富。其不足在于搜集的信息是间接的、隔离的信息,可能与现实感受有差距,探索者往往处于被动接受状态,难以形成强烈的动机。

二是接触,通过与人交流、去招聘会或人才市场搜集职业信息。这个途径可以先从父母、亲人、老师等身边的职场人开始,逐步到寻找感兴趣的职业人士交流,可以获取更详细的职业信息。

三是体验,通过实地参观、实习实践等方式直接体验职业世界。"告诉我,我会忘记;给我看,我会记得;让我参与了,我会明白。"对职业的体验也不例外。通过课堂和网络,我们可能对职业的相关知识有了初步的了解,但是由于缺乏体验,仍然停留在认知层面。体验职业,参与到工作环境中,感受工作的过程,最有利于我们真切地了解职业,把自己和外界连接起来。

探索职业世界的方法不是孤立存在的,各种方法应综合使用。我们可以采取由易到难、由近及远、循序渐进的方式展开探索,同时关注互动、关注情境、关注体验。

另外我们还要了解关于某种职业的相关内容,主要通过以下两种方法。

表4-3　客观信息法

客观信息法	
1.职位或职务	该职位的经常性任务、所需担负的责任、工作层次等
2.工作地点	地理位置、环境状况、变化频度、安全性等
3.发展空间	升迁路径、速度,工作稳定性、工作保障等
4.雇用条件	薪水、福利、进修机会、工作时间、休假条件、特殊雇佣条件等
5.招聘要求	所需的文化程度、专业认证、培训、经验、能力、人格特质、品德修养等

表4-4　主观思考法

主观思考法
1.个人从工作中获得的满足感:
我的情况是否真的适合这个职业?
目前是否是选择这个职业的合适时机?
这个选择会带给我什么变化?
我最多能花多少时间去适应这个新选择?
2.周边人员的感受:
对自身影响较大的人(如父母、兄弟姐妹、亲戚、朋友、老师等)

【生涯体验】

　　请找出自己比较熟悉的四种职业,填入表4-5。同时请你思考一下:该职业除了所必需的专业知识与技能之外,还有哪些素养对胜任这一职业具有重要作用?请将你的思考结果依次填入表中所对应的"职业素养"一栏中。

表4-5

职业名称	职业素养

在完成了上面表格中的内容之后,请你和同学们继续思考下列问题。

1.这四种职业需要的共同的职业素养有哪些?哪种素养是你认为最重要的?

2.与小组同学分享各自找出的最重要的职业素养,看看有哪些是相同的,哪些是不同的。按照被同学们分享的频次高低排序,哪种职业素养被提到的频率最高?排在前五位的是哪些?

3.对于这些在多种职业中共同需要的职业素养,你觉得从现在起应当如何有意识地加以培养?

【生涯拓展】

职业人物访谈

职业人物访谈是一种搜集职业信息的重要方法。通过对一定数量的职业人的访谈,不仅可以了解到相关职业的知识与技能需求,还可以了解到该职业的待遇和发展前景等信息。从某种意义上说,这也是一种间接而又快速的职业体验。

它的步骤如下:

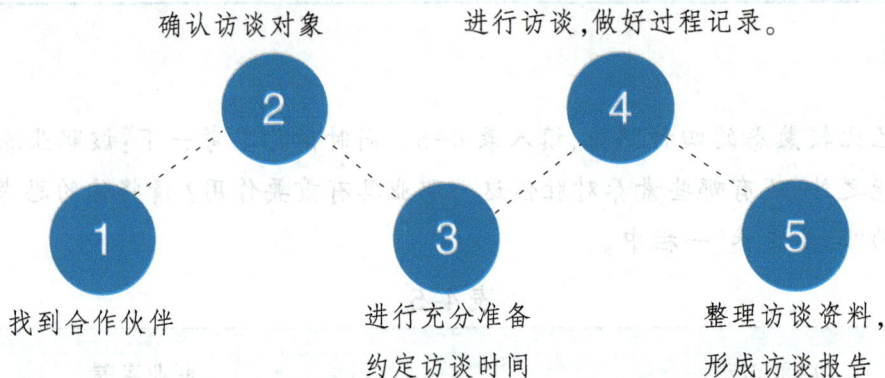

确认访谈对象　　　　　　进行访谈,做好过程记录。

② 　 ④

① 找到合作伙伴　　③ 进行充分准备 约定访谈时间　　⑤ 整理访谈资料, 形成访谈报告

图4-2　职业人物访谈的步骤

如果你是对陌生人进行访谈,还需要注意以下6个事项。

1.访谈前要对访谈对象进行大致的了解。

2.为自己准备30秒的自我介绍。

3.最好在准备充分的前提下使用电话预约受访者。

4.访谈前要设计好访谈问题。

5.访谈中要学会倾听与记录;一定要守时、简洁,不浪费他人时间。

6.采访结束后一天之内,要通过适当的方式表示感谢。

※社会实践——家庭职业树与访谈报告

表 4-6　职业人物访谈报告

受访者姓名		所在单位名称	
受访者职位		联系方式	
工作时间		工作地点	
工作内容		薪酬待遇	
升迁通道		在职训练	
工作经历			
从业条件 (学历、证书 及其他)			
必备能力			
性格特质			

从事此项工作的优缺点	
在校期间可做的准备	
受访者建议	
访谈心得	（可附页）
可以努力的方向	

表 4-7　访谈清单

了解职业的内容	问题举例
入	1.您是什么专业毕业的？ 2.毕业以来,您先后做过哪些工作？这些工作对您有哪些影响？ 3.学校的学习和生活与现在的工作相关度大吗？ 4.学校的学习与生活对您现在工作最大的影响是什么？ 5.在您看来,学校的学习中所形成的哪些能力对以后的工作比较重要？ 6.您是如何找到这份工作的？ 7.行业内要求从事这份工作的人应该具备什么样的教育和培训背景？ 8.您认为做好这份工作应该具备哪些知识、技能和经验？ 9.什么样的个人品质、性格和能力对做好这份工作来说是重要的？ 10.男女工作者在这份工作上机会均等吗？
做	1.在工作方面,您每天都做些什么？ 2.现在的工作中,哪些是常规工作?哪些是您的主要工作？ 3.您在做这份工作时,什么是最成功的？什么最有挑战性？ 4.工作以来,您在能力、心态等方面发生了哪些变化？ 5.工作环境是怎样的？ 6.请简单介绍您所在单位的企业文化。 7.您的工作及您工作的单位对您有哪些要求？ 8.您是如何达到这些要求的？
得	1.在您的工作领域里初级职位和略高级别职位的薪水一般是什么样的？ 2.除了工资收入外,还有哪些福利待遇？ 3.工作后,您的单位是否为您提供培训、再学习的机会？ 4.就您的工作而言,您最喜欢什么？最不喜欢什么？
拓	1.这个职业的发展道路是什么？要经过哪些阶段？ 2.这份职业在不同的发展阶段有哪些不同的要求？ 3.据您所知,从事这份工作的人在单位或者行业内发展的前景怎样？ 4.随着科技进步和经济全球化,这个行业和工作发生变化了吗？ 5.您是如何应对您的职业未来发展趋势的？ 6.这个职业有没有标杆人物？他是如何成长起来的？
职业人物的建议	1.据您所知,还有哪些方面能帮助我深入了解该工作领域？ 2.您的熟人中有谁能够成为我下次采访的对象？ 3.有什么您觉得我们应该知道,但学校课堂和书本不会提及的东西？ 4.我现在还处于高中阶段,您认为有哪些途径和方式,可以为未要从事的来职业做准备？请给我提一些建议。

图 4.3　家庭职业树

1.请在圈中横线上方写下家庭成员的称谓。

2.在横线下方写该成员的职业名称。

3.空白处可以利用思维导图标注该成员的个性特点、喜好、特长、专业等。

4.不限直系血亲,你能想到的家庭成员都可以纳入,越多越好。

1.从图中我发现家庭成员从事的职业,重复最多的是(　　　　　)。

2.家庭成员中对于各种职业的评价,是否表现出强烈的好恶?比如"做公务员最好,工作有保障"。

3.家庭成员对彼此的职业,感到最满意或羡慕的是什么?比如"表哥要不是开出租车,哪有那么多自由的时间""叔叔婶婶都做老师,难怪能教出一对杰出的子女"。

4.我的家人们认为从事(　　　　)职业最好;最好不要从事(　　　　)职业。

5.家人对我有职业期待吗?

□没有,做什么都好。　　　　□有,他们希望我今后从事(　　　　)职业。

6.我对自己未来的职业有期待吗?

□没有期待,主要原因是:

□有期待,主要原因是:

亲人不仅给我们带来爱和关怀,在我们进行职业规划的时候,亲人也是我们了解职业最好的渠道。看看他们是如何形容自己职业的,包括职称、工作内容、工作时间、薪资福利、工作环境、工作态度,是否喜欢、尽心、投入等。听听他们在工作上的甘苦,了解他们对你的期许。现在就从自己身边的亲人开始,进行一些职业探索吧。

寒假期间可以当一次父母的影子,跟着父母体验一天他们的日常工作,不仅可以让你看清父母工作的状况,了解不同职业的工作内容、强度、环境。更是亲子沟通的良好契机,通过对父母一天工作的感知,你或许能更体谅他们。

第二节　不做职业单相思——职业意向澄清与目标设定

【活动一：我画你说】

小时候我们都充满了梦想，憧憬着未来。在你的童年、少年时期，这些梦想或许发生了一些改变，但现在，相信每个人心里都有一个关于职业的梦想，那么让我们来描绘一下它吧！

> **我的职业梦**
>
> 1.我希望从事什么职业
>
> 2.在什么地方工作
>
> 3.去什么单位上班
>
> 4.和什么样的人一起工作
>
> 5.每天我的工作时间这样分配：
>
> 6.我的工作内容是：
>
> 7.每个月的收入大体是：
>
> 8.我希望的工作与发展前景是：

活动要求：

1.请把上面的"我的职业梦"填写完整。

2.以小组为单位，小组成员轮流分享"我的职业梦"。分享者起立并陈述"我的职业梦"。

3.每人分享后，其他成员向陈述者提出他是否适合的质疑、疑问或建议，即针对陈述者的职业理想，帮助其评估职业意向的可行性。

通过这个过程，可以很好地检查自己的职业选择是否合适。

【活动二：海报设计】

假设15年后你是公司(单位)主管或者领导，你们准备要招聘一名员工，请以小组合作的形式拟出招聘要求和条件。

规则：1.各组可以取一个公司名字。

2.选择以下职业中的一个作为招聘职业：教师、医生、演员、护士、律师、秘书、会计。

3.以海报的形式展示出对所招职位的条件和要求。

(绘制区)

【活动三:模拟招聘】

规则:

1.假定自己是领导或人事主管,负责招聘人才,每组选一半的人按照海报招聘内容作为考官。

2.另一半同学尝试去感兴趣的其他招聘组参加应聘面试。

3.本活动用时 16 分钟,在活动的后半程,参加招聘的同学回到原组当考官,前半程作考官的同学去参加应聘面试。(互换角色)

第三节 我的未来我做主——生涯决策与分析

【生涯导读】

人生的道路虽然漫长，但紧要处常常只有几步，特别是当人年轻的时候。

——柳青

【生涯触点】

最大的麦穗

这是一则寓言故事。

有一位老师，他的三个弟子一起向他请教一个问题——如何才能找到理想的伴侣。这位老师没有直接回答，而是带着三个弟子来到一片麦田里，说："你们每个人都去麦田里挑选一个最大的麦穗带回来。记住，只能摘一次，不能更换，只能往前走，不能回头。"

第一位弟子是一个急性子，在麦田里没走多久，看到一个硕大的麦穗，觉得自己运气不错，便迫不及待地摘了下来。可是，继续往前走时，他发现了更多、更大的麦穗，自己摘的麦穗与这些麦穗相比实在太一般了。等他走出麦田后，感到非常后悔。

第二位弟子是一个完美主义者，他一路上精挑细选，非常谨慎，恨不得把每一个麦穗都检查一下。无论他看到多大的，都迟迟不下手，期待着后面还有更大的。不知不觉，他已经走到了麦田的尽头，发现自己已经错过了最大的麦穗，最后只能在终点附近勉强挑选了一个。走出麦田以后，他满怀遗憾。

第三位弟子在行动前做了一个规划，他把麦田的路程分为三段，第一段的任务是观察，第二段的任务是验证，第三段的任务是行动。于是他在第一段的路程里只观察，把麦穗大、中、小个头的尺寸记在心里，大致了解麦穗的整体构成状况。在第二段的路程里，他开始验证自己在第一阶段的分类是否准确，并对自己的判断进行一定的调整。在第三段的路程里，他摘下了最先看到的大尺寸的麦穗，然后就心满意足地快速走出了麦田。

当三个弟子轮流向老师讲出自己摘麦穗的过程之后，他们三个都知道了对于找伴侣这个问题的答案。

其实，人生当中还有许多重大决策都只有一次机会，并且没有回头路。决策之前首先可以做一个关于决策的规划，然后充分收集信息，接着对信息进行验证，最后果断出击，这样得到的选项即使不完美，也不会让人悔恨或遗憾。

思考:你认为做决策过程中最重要的是哪一步？为什么？

【生涯体验】

请你思考以下每一项内容与自己实际情形的符合程度,在空格内打"√"

表4-8　生涯决策风格量表

序号	题目内容	符合	不符合
1	我常在仓促的情况下做判断		
2	我常凭一时冲动行事		
3	我经常改变我所做的决定		
4	做决定之前,我经常不做任何准备,也不会分析可能的结果		
5	我经常不经过慎重的思考就做决定		
6	我喜欢凭直觉做事		
7	我做事时不喜欢自己出主意		
8	做事时,我喜欢有人在旁边,可以随时商量		
9	发现别人与自己看法不同后,我便不知道该怎么办		
10	我很容易受别人意见的影响		
11	如果没有父母、师长、亲友的催促,我并不打算做任何决定		
12	我常让父母、师长、亲友帮忙做决定		
13	碰到难做决定的时候,我就把它放在一边		
14	遇到需要做决定时,我时常感到紧张不安		
15	我做事总是东想西想,做不了决定		
16	我觉得做决定是一件痛苦的事		
17	为了避免做决定的痛苦,我常常自己不做决定		
18	我做决定时会犹豫不决		
19	做决定前,我会多方面收集有关个人和环境的相关信息		
20	我会将收集的资料加以比较分析,列出备选方案		
21	我会衡量各项方案的利弊得失,判断出此时此地最适当的选择		
22	我会参考其他人的意见,再根据自己的情况,做出最适合自己的决定		
23	经过深思熟虑后,我会选定一个最佳的方案		
24	当已经决定了所选择的方案,我会展开必要的准备行动,并全力以赴做好它		

直觉冲动型(题号:1—6)分数:

依赖型(题号:7—12)分数:

逃避犹豫型(题号:13—18)分数:

理性型(题号:19—24)分数:

依据统计结果,你的决策风格倾向于:

【生涯认知】

　　生涯决策是依据决策者自身的特性,并参照外在环境的现状与发展趋势,通过合乎逻辑的分析,最终确定适合自己未来教育或职业领域的过程。

　　根据上面的自我评测,我们来看看它们的显著特点。

　　1.直觉冲动型:以自我判断为导向,在信息有限时能够快速做出决策。当发现错误时能迅速改变决策。

　　2.依赖型:决策者往往不能够承担自己做决策的责任,允许他人参与决策并共同分享决策成果。

　　3.逃避犹豫型:拖延、不果断,不考虑未来的方向,不去做准备,不知道自己的目标,也不思考,更不寻求帮助。

　　4.理性型:强调全面地收集信息、理智地思考和冷静地分析判断。

　　随着阅历和知识的不断变化、内外环境的不断改变,影响生涯决策的因素也是多方面的。著名的职业辅导理论家克朗伯兹指出,影响个人职业决策的主要因素有四类。

　　1.遗传因素和优势能力

　　遗传因素包括各种生理特征,如身高、外形、体质等,这些因素都会拓展或限制个人的职业偏好和能力,为个性的发展和形成提供必要的前提和潜在的可能性。

　　若个体具备某方面的天赋,如数学计算、音乐绘画、形象思维、空间想象等能力,那么他会更有潜力获得相关领域的成功。

　　2.环境因素

　　影响职业选择的因素中,有许多来自外部环境而非个人所能控制的。这些环境因素可以归纳为社会因素、教育因素和职业因素。

　　社会因素是指社会上的各种事物,包括社会制度、社会群体、社会交往、道德规范、国家法律、社会舆论、风俗习惯等。

　　教育因素是指一个人受教育的程度,不仅对自我的认知和分析程度受影响,还对个体兴趣和能力的发展有影响。

　　职业因素是指工作性质和工作条件会受到不断变化的社会经济条件的制约,同时影响着从业者的素质和需求结构。

　　3.个人的习得经验

　　一个人的职业偏好是他吸收各种学习经验共同作用的结果,因个人学习经验的不同而不同。比如教师或医生家庭出身的孩子由于受到家庭职业氛围的影响,选择教师或医生的职业可能性就会增加。

　　4.工作取向的技能

　　工作取向的技能是综合的,包括解决问题的能力、工作习惯、工作的价值标准、情绪反应、知觉和认知的历程等。比如面对同样的岗位决策情境,有些人会多方面收集信息、参加实践、听取他人建议等帮助自己决策;而有些人则会怨天尤人、紧张不安地被动等待职业选择。

高中生决策常见误区

当前高中生决策时容易犯一些常见错误。一方面是简单化。认为高中阶段的唯一任务就是考出好成绩、考上大学，到了高三，还没有制定具体的人生目标。很多学生学习是为了父母、为了老师，唯独没有考虑自己的需要和人生理想，整体上呈现被动式学习。一方面是功利化。表现为在选择和填报志愿时，更关注专业是否热门，是否有"钱途"，考虑学校、专业对未来薪酬和福利待遇的影响，没有把自我认知和职业认知相匹配；没有将发展的长期目标跟学业的近期目标相统一；信息来源狭窄，看不到未来的发展前景。导致不能有效匹配各方面的资源，做出令人遗憾的决策。

事实上，要做出科学合理的生涯决策，不仅需要丰富的决策知识，而且需要良好的决策态度，两者缺一不可。生涯决策知识为个体做出选择提供了信息基础，而积极的生涯决策态度则起着重要的动力调节作用。提高独立性，倡导学生在听取家人和老师的建议后，独立地做出决策，不盲目依赖他人；提高稳定性，建议学生树立长久稳定的职业理想，为实现职业目标而坚持不懈；提高主动性，主张学生在决策中将自我特点与现实条件整合起来，反对盲目从众而追求热门职业；降低功利性，在掌握职业决策知识的基础上树立决策信心，提高自信心。理解教育与职业的关系，将现在的学习与将来的职业发展联系起来，并根据自己的职业目标选择合适的学校或机构接受教育。

【生涯探索】

最常用的生涯决策模型有生涯决策平衡单和SWOT分析法，下面我们一起来探索。

1.生涯决策平衡单

生涯决策平衡单可以协助我们系统地分析每一个可能的选项，判断各选项的利弊得失，然后依据其在利弊得失上的计分排定各个选项的先后顺序，以执行最优先或偏好的选项。其实对于平衡单，我们并不陌生，在之前进行学科选择的时候，就体验过，只不过项目内容不一样而已。现在，使用决策平衡单解决一个曾经或者现在正困扰你的决策问题吧。

表4-9　我的生涯决策平衡单

项目因素 (自定义)	权重 (1~5)	方案一		方案二		方案三	
		得分 (1~10分)	权重乘以 得分	得分 (1~10分)	权重乘以 得分	得分 (1~10分)	权重乘以 得分
权重乘以得分总计							

提示：

如果想决策几个不同的职业,可以在自定义时参考如下项目因素:适合自己的兴趣,适合自己的能力,适合自己的价值观,满足自己的自尊心,较高的社会地位,带给家人声望,符合自己理想的生活状态,优厚的经济报酬,丰富的社会资源,适合个人目前的处境,有利于择偶以及建立家庭、未来有发展空间……

2、SWOT分析法

SWOT分析法又称为态势分析法,SWOT这四个英文字母分别代表:优势(strength)、劣势(weakness)、机会(opportunity)、威胁(threat)。它是将与研究对象密切相关的各种主要内部优势、劣势、机会和威胁通过调查列举出来,并依照矩阵形式排列,然后把各种因素相互匹配起来加以分析,从中得出一系列相应的结论,而结论通常带有一定的决策性。SWOT分析法是一个非常有用的生涯决策方法,通过分析你会很快知道自己的优势和劣势在哪里,并评估出感兴趣的不同学校或专业发展目标的机会和威胁。

表4-10

内部环境因素	外部环境因素
优势因素(S),分析自己内在的优势,如学习兴趣、基础、特长、做过什么、学过什么、优秀品质	机会因素(O),分析自己所面临的外部环境的有利因素,如社会政治、经济、文化及其趋势;与自己初选的发展方向相关的职业环境、就业形势、家庭支持;师资、学习条件、招生录取等方面的有利因素
劣势因素(W),分析自己内在的劣势,如性格弱点、经验或经历的局限与不足、最失败的是什么、能力不足之处	威胁因素(T),分析自己所面临的外部环境的不利因素,如社会政治、经济、文化及其趋势;与自己初选的发展方向相关的职业环境、就业形势、家庭支持;师资、学习条件、招生录取等方面的不利因素

SWOT分析法的步骤如下。

第一步：调查分析。调查分析的主要内容包括个人优、劣势分析。其中优势分析包括：①你曾经做过什么。即已有的人生经历和体验，如在校期间担任的职务、曾经参与或组织的实践活动、获得的奖励等。这些可以从侧面反映出一个人的素质状况。在自我分析时，要善于利用过去的经验来推断未来的工作方向和机会。②你学习了什么。在学校学习期间，你从不同的课程学习中获得了什么？接受过什么培训？自学过什么？有什么独到的见解和专长？③你可能做过很多事情，但最成功的是什么？为何成功？是偶然还是必然？通过分析，可以发现自己性格的优势，如坚强、果断，以此作为个人深层次挖掘的动力之源和魅力闪光点。④与竞争对手相比，你有哪些独特优势？

劣势分析包括：①性格弱点。例如，做事冲动、缺乏毅力等。②经验或经历中所欠缺的方面。例如，高中时只关注学习，很少参加活动，缺乏组织活动的经验，没有擅长的才艺等。

第二步：外部环境分析。包括机会因素和危险因素。其中，机会因素包括：①对社会大环境的认识和分析：当今世界和当代中国社会的政治、经济、科技、文化发展趋势是否有利于所选学校、专业的发展，具体在哪些方面有利。②对所选地域、学校、专业等小环境进行分析：专业发展状况、前景如何，国家政策是否支持；学校在本专业的地位、现状和发展前景以及学校的文化环境如何，所选地区政治、经济、文化、法律环境有哪些有利因素等。③对人际关系进行分析：哪些人对自己的专业发展有帮助，如何与他们联系。④对其他一切有利于自己选择专业、选择学校的外部因素进行分析。

危险因素：参照对机会因素的分析方法，评估对自己不利的外部因素有哪些。

第三步：构造SWOT矩阵。即根据轻重缓急或影响程度，将上述各种因素排列于SWOT矩阵中。在此过程中，要把那些对自己的发展有直接、重要、迫切、久远影响的因素优先排列出来，把那些间接、次要、短暂影响的因素排在后面或省略。

第四步：确定对策，制订计划。这一步骤的指导思想是：发挥优势因素，克服弱势因素；利用机会因素，化解威胁因素；立足当前，放眼未来。在这一思想指导下，运用系统分析的综合分析方法，将矩阵中的各种因素相互匹配，加以分析，得出一系列可供选择的对策。

1.SO对策：它着重考虑优势因素和机会因素，目的在于力求使两者相互促进，取得"1+1>2"的效果。

2.ST对策：它着重考虑优势因素和威胁因素，力求减少外部威胁因素对个人内在优势因素的限制。

3.WO对策：它着重考虑弱势因素和机会因素，力求抓住并利用机会，提高自己的内在弱势，通常是通过学习提高自己在弱势因素上的能力。

4.WT对策：它着重考虑弱势因素和威胁因素，力求在选择中尽量避免，在实际学习、生活或工作中，可以采用避开或外包策略。例如，有的同学逻辑思维能力比较弱，那要尽量避免选理科类专业；有的同学在团队合作中组织能力很好但不善于沟通，那要给自己配备一个善于沟通的副手。

【参考案例】

表4-11 小语种专业决策

优势S: 比较自信,有明确的目标后,愿意付出努力, 喜欢从事与人打交道的工作 有一定的语言天分 把小语种作为工具,将来从事与对外相关的 企业销售或管理工作 学习成绩在逐步提升 有适合自己的学习计划 有一定的美术基础	劣势W: 性格中有懒惰的成分 学习和生活中受外界因素影响大,被一些无关因素困扰,不 会取舍 有结果才会有动力 人际关系比较敏感,有轻微的完美主义倾向,希望获得别人 的认可 很多时候不够积极 认为没有做到心里预期的最好,内心挣扎比较多,有一定的内耗
机会O: 喜欢比较规范的工作环境,不喜欢创业初期 的无序,希望有一定的自由度 工作要有挑战性,不能太平淡 希望能够在企业的对外部门工作,如果条件允 许,希望在国外工作 高中学习中比较喜欢数学、语文和文综。老师 能够形成助力。与父母关系融洽,能分享,能 分担	威胁T: 与父母不能长时间分离 不能频繁外出 目前英语较弱,老师不能形成助力 对专业的认识不够深 没有相关职业调查
SO 对策	有语言天赋,语文比较好,父母开明,允许自主决定,方向明 确,与社会大趋势(国家"一带一路"建设需要小语种人才)相 符合。学习成绩可以实现自己的目标。但要保持目前的学习 状态
ST 对策	英语较弱,寻找课外辅导老师;在学校里与英语老师多沟通, 减少对立情绪。慢慢习惯独立,减少对父母的依赖
WO 对策	通过沟通调节人际关系,减少内心的冲突,量化自己每天的 学习任务,用完成结果来奖励自己,激发自己的学习动力
WT 对策	进行职业调查,进一步明确自己未来的发展方向,制定改善自己 性格的计划

通过参考案例启发,我们用SWOT来分析一下自己。

表4-12

优势S:	劣势W:
机会O:	威胁T:

SO 对策	
ST 对策	
WO 对策	
WT 对策	

分析后的结论：

我的计划：

【生涯拓展】

当我们在做重大抉择时，希望得到父母的支持和帮助。但是，如果我们的想法和他们的意见发生冲突时怎么办？

1.平静情绪，分析原因

当和父母发生决策冲突时，先让自己的情绪平静下来，用平和的心态分析让自己如此苦恼的原因；是气愤父母不理解自己，还是觉得父母伤害了自己的自尊心？是选择存在分歧，还是沟通方式出了问题？找到原因并有针对性地寻找解决的办法。

2.设身处地，倾听父母的想法

在与父母发生决策冲突时，我们应尝试站在父母的立场思考，认真倾听父母的想法，然后再陈述自己的观点，这样父母可能会因为我们谦虚的态度而缓和情绪，当大家都处在平和商议的状态时，才更有利于沟通和解决问题。

3.把握时机，表达看法

当父母的情绪缓和下来时，我们便可以把握时机，表达自己的观点，包括自己的目标与价值主张、所做的选择以及执行计划等。就算父母一时不能改变想法，他们也会因为我们认真的态度和付出而动容，说不定会慎重考虑我们的想法。

4.努力争取，寻求理解

不管是在学习上还是在生活中，我们的观点有时无法和父母的完全相同，更多时候要通过自己的努力，寻求父母对我们所做选择的理解和支持，然后再共同协商，达成决策。

第四节　驰骋未来的追求——职业生涯报告(学科融合课)

【生涯导读】

请同学们先依照下面的书面报告收集信息并填写内容，然后在信息技术课上按照老师的要求生成一份PPT报告。

【扉页】

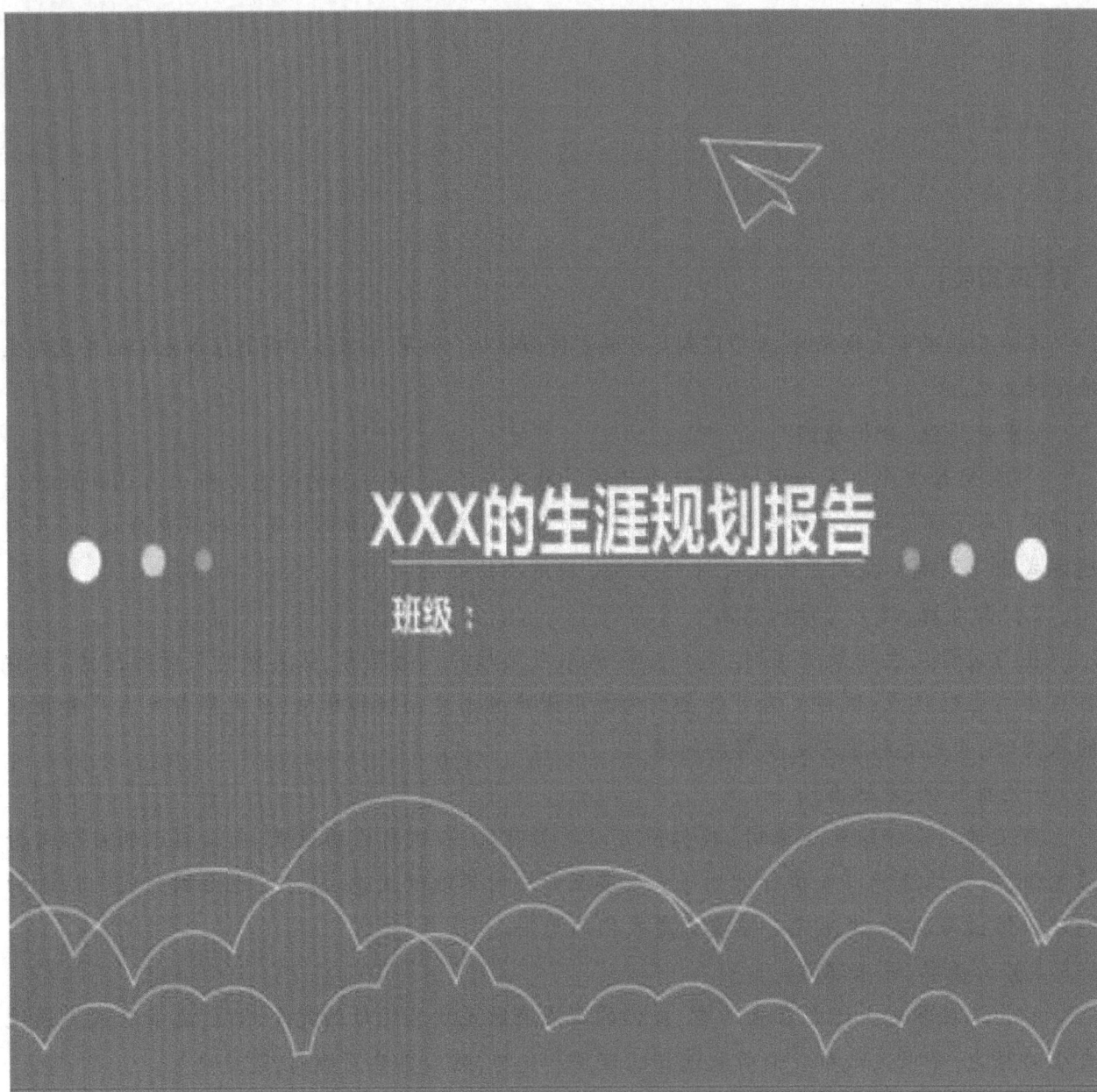

【自我分析】

表 4-13

自我分析				
兴趣分析		高一下学期调整		高二调整
能力分析		高一下学期调整		高二调整
性格分析		高一下学期调整		高二调整
价值观分析		高一下学期调整		高二调整

提示:各项目填写请翻阅生涯规划课各专题活动结果

【职业分析】

1.职业分析

职业分析

1.环境分析

(1)家庭环境分析

如经济状况、家人期望等以及对本人的影响。

(2)学校环境分析

如学校特色、科目学习、实践经验等。

(3)社会环境分析

如就业形势、就业政策、竞争对手等。

(4)目标职业环境分析

如某行业现状及发展趋势,某份职业的工作内容、工作要求、发展前景,人岗匹配分析。

(5)地域分析

如某个城市的发展前景、文化特点、气候水土、人际关系等,人城匹配分析。

2.职业定位(综合自我分析及职业分析的主要内容得出本人职业定位的 SWOT 分析)

表 4-14

	优势因素(S)	弱势因素(W)
内部环境因素	(主要分析自己内在的优势,如个性特点、能力及特长,有益的兴趣与良好的习惯、经验等)	(分析自己内在的局限与缺点,如个性缺点、能力不足之处、兴趣与习惯、经验方面的局限等)
外部环境因素	(分析自己所面临的外部环境,如社会背景和发展趋势,与自己初选的发展方向相关的职业环境、就业形势、家庭支持等方面的有利因素)	(分析社会背景和发展趋势,与自己初选的发展方向相关的职业环境、就业形势、家庭支持等方面的不利因素)

【我的等级考试科目】

表 4-15

科目	学习优势	努力方向	预期目标
1			
2			
3			

【我理想的专业和大学】

1.专业解读(排名、课程设置等)

2.大学简介

3.大学图片

【我的学业规划】

表 4-16

	总目标	分目标	计划内容	策略和措施	备注
高一					
高二					
高三					

通过生涯规划,我们可以更清楚地认识自己,确立自己的努力方向和职业定位,这样就可以使自己保持平和的心态,按照目标和理想有条不紊、循序渐进地努力。当然,计划虽好,最重要的还是在于具体的实践和所取得的成效。然而,现实是未知多变的,定出的计划随时都会遇到问题,这就要求我们有清醒的头脑、客观的分析和全面的认识。每个人都有自己的理想信念、抱负和追求,每个人都渴望成功,但在此过程中我们必须坚定信念,必须持之以恒,必须脚踏实地!

把 PPT 报告做完后提交给信息技术老师,留做个人发展报告资料。申请一个个人电子邮箱,把你的报告以附件的形式发给自己。

第五章　探究生涯管理

第一节　珍惜公平的财富——合理管理时间

【生涯导读】

"明日复明日,明日何其多。我生待明日,万事成蹉跎。世人若被明日累,春去秋来老将至。朝看水东流,暮看日西坠。百年明日能几何?请君听我明日歌。"这首世代流传的《明日歌》时刻提醒我们时间不能倒流,无法复制。

【生涯触点】

假如有一家银行每天早上都在你的账户里存入86400元,可是每天的账户余额都不能结转到明天,一到结算时间,银行就会把你当日未用尽的余额全部清零。在这种情况下,你会怎么做?当然,每天全部用完是最佳选择。

你可能不知道,其实我们每个人都有一个这样的银行,它的名字是时间银行。每天早上时间银行会在你的账户里自动存入86400秒。一到晚上,它又会自动地把你当日虚掷的光阴全部清零,没有分秒可以结转到明天,你也不能提前预支片刻。

如果你没能充分使用这些时间存款,损失只有你自己来承担,不能回头重来,也不能预支明天,你必须根据你所拥有的这些时间存款活在当下。时间管理不仅影响我们的学习效率,而且对我们日后适应社会,进入职场工作也有着重要作用。作为中学生,需要学习时间管理的一些工具和方法,习得珍惜时间的行为,提高自己的效率。

时间管理是指利用技能或方法来完成明确的计划和任务,达到一定的目标。时间管理的内容主要包括制订计划、设定目标、对花费的时间进行分析、记录时间的分配情况、确定事情完成的优先次序等。

时间管理能够造就不同的人生。日常生活中,有些人的时间观念非常强,开会、约见朋友十分准时,完成每项工作任务都果断利索地走在时间的前面,打有准备之战。另一些人则恰恰相反,不论什么时候、对待什么工作都拖沓滞后,事到临头仓促应付。因此,同样的时间可以使一个人在青春年华里成就事业、实现理想,也可以使一个人终生一无所成。

时间管理是事业成功与否的关键。善于统筹和管理时间的人往往具有强烈的成就动机,对完成所承担的任务相当自信,因此获得成功的可能性就非常大,否则反之。

【生涯体验】

表5-1共有15个题目,请你依照自己平时的学习状况回答下列问题。

表5-1 时间管理自评量表

题　　目	非常符合	部分符合	不太符合	极不符合
我没有做读书计划的习惯,做什么依心情而定				
我的学习环境嘈杂				
我习惯在精神状态不佳的时候做学校的功课				
我容易被外在事物诱惑、干扰而分心				
我会精神不济,可能是睡眠不足、节食不当或其他原因造成				
我习惯长时间学习,忽略休息时间的安排				
我要做的事情很多,有些纯粹是浪费时间的事				
我做事没有设定最后完成期限的习惯				
我花太多时间在不是最优先要处理的事情上				
我总是先做我喜欢但不重要的事				
我没有利用零碎时间的习惯				
我会做读书计划,但是往往因很难彻底执行而中途放弃				
我总是无法拒绝别人的请求,常在做计划之外的事				
我总认为还有时间,总想着再等一下去做				
我不习惯寻求帮助,总是花许多时间自我摸索				

计分方式:"非常符合"计4分,"部分符合"计3分,"不太符合"计2分,"极不符合"计1分,将每一道分数加总得出总分。得分越高,说明你对时间的利用越需要重视调整。

总得分:

【生涯认知】

影响中学生对时间管理的主要因素包括:没有目标、沉迷幻想、犹豫不决、消极拖延、精力分散、不懂拒绝。常表现为以下几个方面。

胡思乱想——不切实际地空想、做白日梦。

坐立不安——不能专注于做一件事,做事也不投入,往往要花很长时间才能进入状态。

东西杂乱——因为东西没有条理、没有进行整理,想开始做一件事情时,东西却没找到。

网络和信息——投入大量的时间在游戏、聊天软件、微博、短视频网站上。电脑和手机充斥着海量的信息,在浏览这些信息上花费了很多时间。

别人的干扰——受到别人的打搅或者别人老爱找你帮忙,让你无法静下心来做自己的事。

经常有学生问:"现在学习任务这么重,可除了学习之外,我还想参加一些社团活动,想发展一些自己的兴趣爱好,如弹琴、画画等。但是我发现参加了一些社团活动或者发展自己的兴趣爱好之后,时间就会不够用,学习就会受到影响,我该怎么办?"

要想多方面兼顾,应提高单位时间的效率。学习时认真学习,玩耍时尽情玩耍,如果不提高效率,时间无法挤出来,事事都不能兼顾,事事都未必能做好。提高效率有以下6种常用方法。

1.专注于当下的事务。这是一种最简单的时间管理法,就是无论你在做什么,尽可能地专注。注意力集中在当下是一项重要的能力,能让生活的品质整体提高。首先得有一套计划,然后在该看书的时间里就认真看书,两耳不闻窗外事,如此学习效率最高;在该玩的时候就投入地玩,不用想学习,那样才能玩得尽兴。

2.选择适合自己的学习环境和学习方法。每个人的学习习惯是不一样的,有的同学喜欢在安静的环境下学习,有些同学喜欢在整洁的书桌上学习。因此,选择自己学习时效率比较高的环境,比如宿舍、图书馆或者家里。

3.遵循自己的生物钟。生物钟就是不需要刻意提醒,身体自己就知道几点钟该醒来,几点钟要吃饭,几点钟运动体能最好,几点钟需要休息等。每个人都有自己独特的生物钟。比如,在一天中,有些人属于百灵鸟型,早上精神好、效率高;有些人属于猫头鹰型,晚上精神集中、思维活跃、学习效果好;还有些人属于混合型,他们上午10点前后、下午5点前后效率最高。因此,根据自己的生物钟安排任务,将会达到事半功倍的效果。此外,精神好时完成难度大的任务,轻微疲劳时完成难度小的任务。

4.尽量避免疲劳战术。有些同学认为时间表排得满满的,才算是抓紧时间。但如果把投入时间等同于产出,就很不科学。有些同学一直待在图书馆,但是看书看着看着就犯困了,就趴在桌上睡着了,睡醒了继续复习。这样的疲劳战是没有什么效率可言的。困了还不如去休息或进行体育锻炼,等精神饱满之后再学习。有研究表明,不要在同一学科上花太长的时间持续学习,这样会造成大脑的兴奋度下降,影响记忆的效果。科学用脑就是大脑要得到适当的休息和调节,这样才能提高学习效率,所谓劳逸结合、一张一弛。

5.充分利用碎片时间。现代社会有太多吸引我们注意力的东西,将我们的时间进行了碎片化的切割。我们无法改变趋势,但可以对碎片化的时间进行充分利用。例如在上学、放学的路上可以听英语,在等人或等交通工具的时候可以看书,在课间和看节目的间隙起来活动身体和放松眼睛等。时间一长,你会发现积少成多的力量不可小觑。

6.学会拒绝。有的人经常被别人的邀请和求助打乱自己的安排,但如果却不好意思拒绝,担心会伤害别人的感情,宁愿自己长期受累。其实不会说"不"是不成熟的表现,说明没有弄清楚自己与他人的边界。助人是值得提倡的,但要建立在不牺牲自己的前提之上。对于力所不能及的事情,不要轻易许诺;对会影响到自己重要安排的请求,学会诚实且委婉地拒绝,但同时可以在精力允许的范围内提供有限的帮助。

【生涯知识】

1.番茄工作法

番茄工作法是简单易行的时间管理方法,它将任务通过一个个的"番茄时间"进行推进,帮助我们改进工作或学习流程,可以提高我们的注意力,减轻时间焦虑,坚定达到目标的决心。

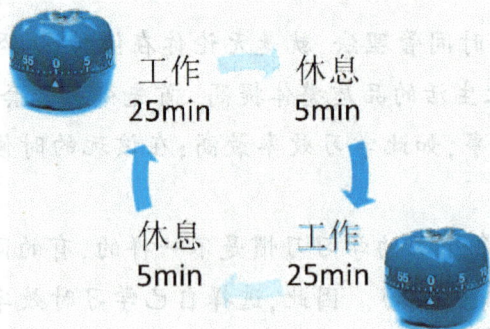

工作 25min → 休息 5min

休息 5min → 工作 25min

注:
①一个番茄时间就是 25 分钟,不可分割。
②一个番茄时间内如果做与任务无关的事情,则该番茄时间作废,要重新开始计算番茄时间。

图 5-1　番茄工作法

2.时间"四象限"法

管理学家科维提出了一个时间管理的方法,把事情按照"重要"和"紧急"的程度进行了两维划分,做出了四象限图。

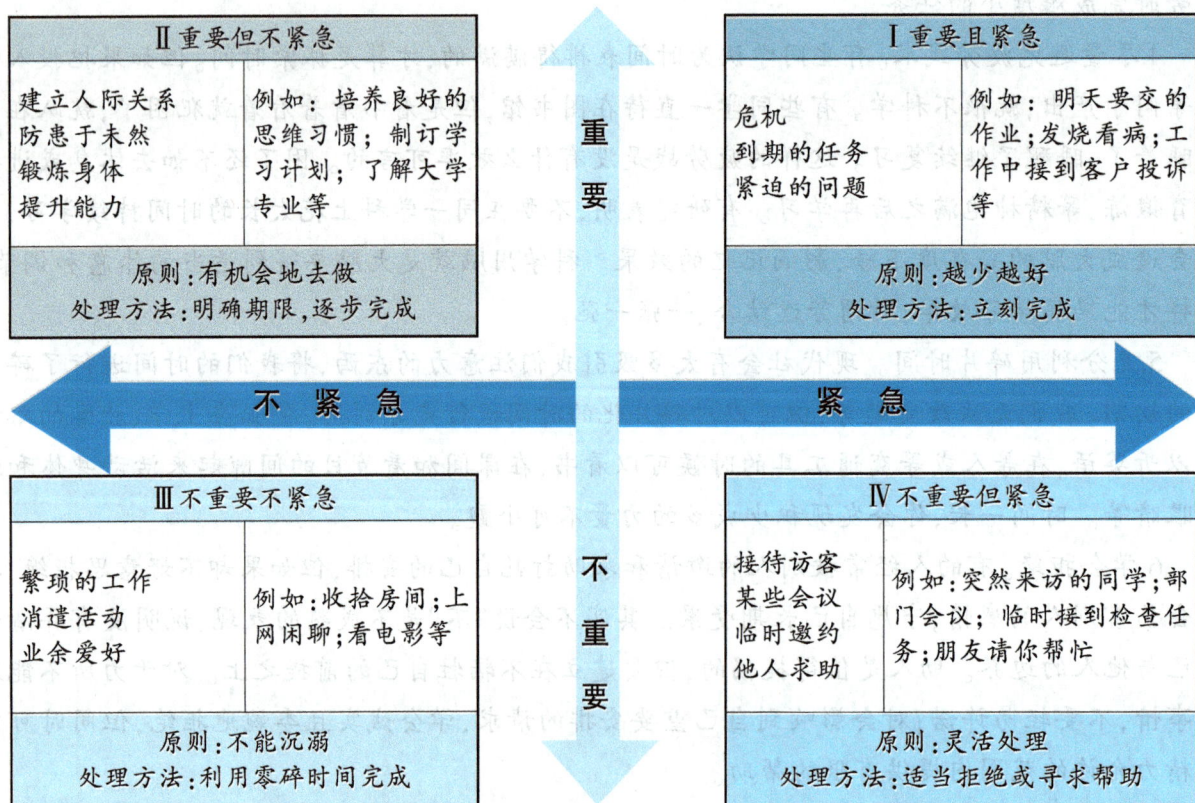

Ⅱ重要但不紧急		Ⅰ重要且紧急	
建立人际关系 防患于未然 锻炼身体 提升能力	例如:培养良好的思维习惯;制订学习计划;了解大学专业等	危机 到期的任务 紧迫的问题	例如:明天要交的作业;发烧看病;工作中接到客户投诉等
原则:有机会地去做 处理方法:明确期限,逐步完成		原则:越少越好 处理方法:立刻完成	

不　紧　急　　　　　　　　　　紧　急

重要 / 不重要

Ⅲ不重要不紧急		Ⅳ不重要但紧急	
繁琐的工作 消遣活动 业余爱好	例如:收拾房间;上网闲聊;看电影等	接待访客 某些会议 临时邀约 他人求助	例如:突然来访的同学;部门会议;临时接到检查任务;朋友请你帮忙
原则:不能沉溺 处理方法:利用零碎时间完成		原则:灵活处理 处理方法:适当拒绝或寻求帮助	

图 5-2　四象限图

第 IV 象限因为它的紧急性,往往使人们难以脱身。但事实上,第 IV 象限的事情意义并不大。必须想方设法走出第 IV 象限。相反,第 II 象限的事情很重要,且有充足时间去准备,因此可以做好。重要的事情从一开始就很重要, 但紧急的事情都是随着时间的推移从不紧急变得紧急,如果我们懂得留出一块时间来做重要不紧急的事,等于一直在做重要的事,而且不会再有那么多重要的事情变得紧急,让我们的生活过得优质而从容。举个例子,生病就医既重要又紧急,但如果平常就花时间做锻炼身体这件重要不紧急的事,身体就不容易生病,就能省去看病花费的时间,而健康也得到了保障。可见,投资第 II 象限,才会获得最大回报。

【生涯体验】

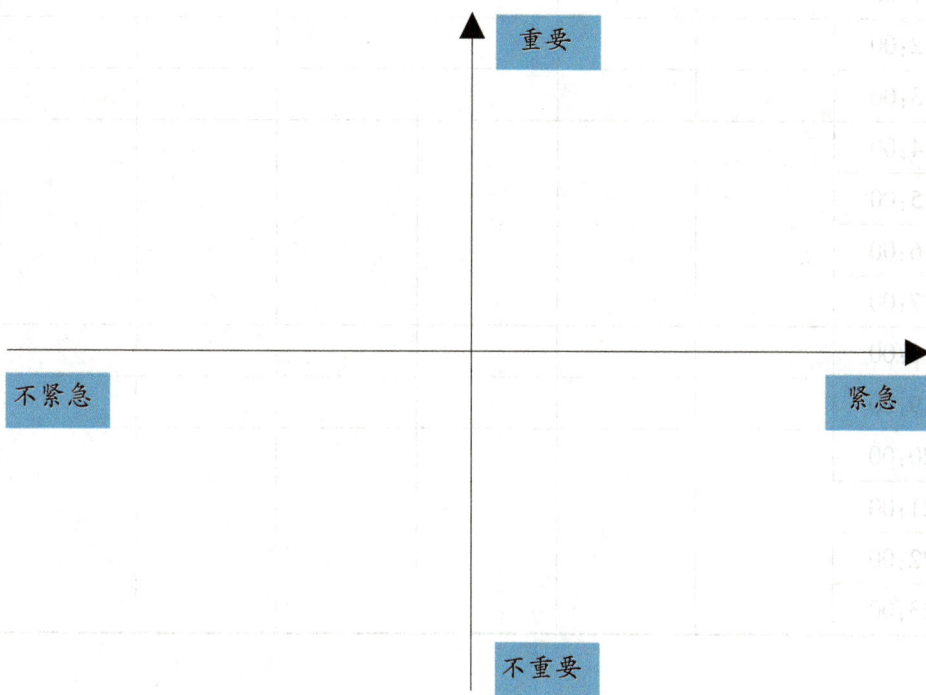

图 5-3　我的"四象限"

(1)以本学期为时间段,按照时间"四象限"写出相应的事件。

(2)填写完成后与小组同学分享,并说出自己填写的依据。

(3)请按照以上方法寻找高中三年中你需要投资的"第 II 象限"事件。

【生涯拓展】

我的时间管理日志

即便找到了高中生涯里的"第 II 象限"事件,也并不代表你一定能全部完成。千万不要让不良的习惯偷走宝贵的时间,使你无法做最有价值的事。时间管理日志能帮助你区分所做过的事情的价值大小,督促你不断地把时间投入到"第 II 象限"中。

下面这个表格将记录你一周之内,每一天、每一个时间段所做的主要事情。

表5-2 时间管理日志

目标	时间	_____的时间管理日志 日期：　年　月　日至　年　月　日						
		一	二	三	四	五	六	日
	6:00							
	7:00							
	8:00							
	9:00							
	10:00							
	11:00							
	12:00							
	13:00							
	14:00							
	15:00							
	16:00							
	17:00							
自我提醒	18:00							
	19:00							
	20:00							
	21:00							
	22:00							
	23:00							

　　当你对一周的时间管理情况进行分析后,如果要制订新的时间管理方案,仍然需要记录时间,因为记录时间会让你清楚地知道新的时间管理方案的执行情况,及时发现新方案中存在的问题。在制订某项学习计划时,也要制订相应的时间计划,也可以说是时间预算。记录时间,可以与时间的预算作比较,从而有效地掌握计划的进度。计划完成后,通过记录时间,可以检查计划的实际执行情况,为制订下一个计划提供坚实有力的参考。

　　善于驾驭时间的人才能够高效率、高水准地完成工作任务,且通常会取得卓越的成绩。善于管理时间的人,有多种多样的生活和娱乐方式,且有时间进行自我提高。由此可以看出,提高个人的时间管理能力,对于个人的成长和发展至关重要。

　　人生要规划,更需要管理。有了具体的规划,并不代表我们的人生目标就能实现。时间是世界上最公平的资源,每一天,它给我们每一个人相同的二十四小时。科学地安排和利用时间,是我们每天都要面对的课题。要想实现你的梦想,过上你想要的生活,请从学会管理时间开始吧!

第二节　职场你我他——人际资源管理

【生涯导读】

> 能用众力,则无敌于天下矣;能用众智,则无畏于圣人矣。
>
> ——孙权

【生涯触点】

清代康熙年间,有个大学士名叫张英。他的老家人与邻居吴家在宅地的问题上发生了争执,因两家宅地都是祖上基业,时间久远,对于宅界谁也不肯相让。双方将官司打到县衙,又因双方都是官位显赫、名门望族,县官也不敢轻易决断。于是张家人千里传书到京城求援。张英收书后批诗一首云:"千里修书只为墙,让他三尺又何妨。万里长城今犹在,不见当年秦始皇。"张家人豁然开朗,退让了三尺。吴家见状深受感动,也让出三尺,形成了一个六尺宽的巷子。这就是六尺巷的故事。

这个化干戈为玉帛的故事提醒我们,应该努力营造良好的人际关系。无论将来你做什么,拥有良好的人际关系、广泛的人脉以及具备扩展人脉的能力,是你迈向成功之路的重要一步。

【生涯热身】

人是一种社会性的动物,具有群居的特点。在我们的学习和生活中,不管我们是否愿意,都在有意无意地和周围的人发生关系、进行交往。没有人可以完全独立,不和任何人打交道、只活在自己的世界里的人生显然是不现实的。

我的一天

活动步骤:

(1)请用一张白纸简单记录你一天中所发生的事情。

(2)请依次画去与父母交往的部分、与老师同学交往的部分、与陌生人交往的部分。

(3)观察纸上还剩下什么,并用心感悟。

(4)与同伴分享你的感悟。

很多同学已经能逐渐意识到人际关系的重要性。只要我们在社会上生活，就需要人际关系，就需要有很多自己认识的人和认识自己的人，就需要处理好和他们的关系。这样，我们的工作、学习和生活才会更有意思，我们也更容易成功。

一、认识人际关系

人际交往是每个人认识自我、他人和社会的基本途径。良好的人际关系有利于青年学生保持心理平衡和完善个性发展，形成正确的自我评价，加速自身社会化的进程。

1.人际关系是青少年心理健康的前提。专家认为，在导致青少年心理问题的诸多原因中，人际交往排在首位。有关调查显示，青少年对学校生活的满意程度直接取决于人际交往状况。因此，正常的人际交往和良好的人际关系是青少年心理健康的必要前提。

2.人际交往是青少年完善自我的途径。好的人际交往有助于夯实亲情、笃定爱情、巩固扩大友情，而较差的人际交往则会起到反作用。因此，正常的人际交往和良好的人际关系是青少年完善自我的重要途径。

3.人际交往是青少年求职创业的条件。我们应珍惜学习阶段拥有的较和谐与单纯的人际关系，学会与人相处，这对将来的求职大有益处。

二、人际交往的原则

1.从我做起。很多人常常把自己的人际关系不好归咎于他人敌视自己、不理解自己等，殊不知，自己是个什么样的人，就会建立什么样的人际关系。认真做好自己，一切从我做起，你的人际关系才可能是良好的。

2.诚信是生命。诚信是无形的名片。从身边的一件件小事做起，不要失信于人。所有人际交往的技巧都是建立在真诚交往的基础上的。

3.吃亏是福。不要害怕吃亏。

4.维护别人的自尊心。在人际交往中，我们对所有人，不管其地位高低，都应该给予应有的尊重。做到尊重别人并不难，可以从一些简单的举动做起，比如，平时主动给同学一个微笑、一句问候，对别人的隐私不刨根问底，更不散布谣言等。

5.学会欣赏和赞美。在与人交往的过程中，应抱着欣赏的心态去对待每个人，多发现别人的优点，并由衷地给予赞美。一句真诚的赞美往往可以给别人，也给自己带来好心情。

三、人际交往的技巧

1.掌握语言艺术。首先，称呼要得体。在交往过程中，遵循对长辈的称呼要尊敬、对同辈的称呼要亲切友好、对关系密切的人可直呼其名、对不熟悉的人要用全称等原则。其次，学会说话。学会正确运用语言、语音和语调，做到叙事表达清楚，语言准确生动、富有感染力和逻辑性，特别是要根据谈话的内容及场合，采取恰当的表情和眼神。

2.学会倾听。"如果你希望成为一个善于谈话的人，就要做一个注意倾听的人。"我们在人际交往中要学会有效地聆听。专注聆听的态度会在无形之中增强说话人的自尊心、自信心，心情愉快,交谈就会变得顺畅起来。

3.学会换位思考。在沟通中尽量设身处地地替对方着想。这就要求沟通的双方做到"听之有心,言之中肯",这样沟通结果才会皆大欢喜。

4.与同学交往。研究表明,人缘型的学生之所以受同学欢迎,是因为他们有受人喜欢的个性品质,包括尊重他人,关心他人;重视自己的独立性,且具有谦逊的品质;有多方面的兴趣和爱好;有审美眼光和幽默感;有亲和大方的仪表等。同学们如果希望自己有好人缘,不妨在加强个人修养上多下工夫。

5.与异性交往的技巧。消除异性交往中的不自然感是建立正常异性关系的前提。应像对待同性同学那样对待异性同学。不过,在交往中也不能毫无顾忌,比如在谈话中涉及两性之间的一些敏感话题时要回避,交往中的身体接触要有分寸。

6.与老师交往。要尊重、信任老师。当老师误会你时,首先应该平静接受,过后再找到老师解释。平时多找机会和老师沟通交流学习上或者生活上遇到的困难。在教师节等重要节日时,可以送上自己亲手制作的小礼物,向老师表达谢意。

7.与家长交往。我们应主动和父母沟通,让父母明白自己的真实想法,并且认真听取长辈的教导和建议。在遇到被误解或者要求做不想做的事情时,也应尽量耐心地与他们交流,尊重他们。要常常关心、孝顺父母,做父母的贴心小棉袄。

四、积极求助

学习知识是一个从无到有、从疑惑到明晰的过程。在这个过程当中,我们不可避免地会遇到各种各样的问题,当我们自己无法解决这些问题时,自然需要寻求他人的帮助。

积极求助的一个好处在于能帮助我们解决当前的一些问题,避免我们在一个问题上浪费过多的时间。而且,还能在与他人的交流中启迪智慧,加深对所求教的问题的印象,甚至达到触类旁通、举一反三的效果。另外,我们在求助中能够加强与老师或同学的沟通,学会人际互动的相关知识,有利于形成良好的人际关系,促进自身人格的成熟与发展。

求助也要讲究一定的方法与步骤,学会制订自己的求助计划。

1.不做盲目的求助者。我们一定要自己先尝试不同的解决方法,实在无计可施时,再向他人求助。如果不假思索地把所有问题丢给别人,不但丢掉了自己思考问题的机会,也浪费了别人的时间。

2.选择求助对象。对于较难的问题,首先考虑的是求助老师或成绩好的同学。同时也要考虑便利性,身边的求助资源(老师或同学)谁离你近,就向谁求助,以便在最短的时间内获得帮助。

3.琢磨求助方式。除了直接向别人请教之外,还有其他的求助方式。例如,可以通过眼神、表情、肢体语言等方式来向他人传达你的疑惑和不解。如果你没有见到想求助的对象,还可以采用打电话、发邮件等方式,或在网络上发布你的问题,这样可以集思广益,获取更多人的意见。

4.实施求助行为。在求助过程中要将帮助者的说明或指导记录下来,以便日后自己参考。在帮助者给予指导的过程中,遇到了不清楚或难以理解的地方,要及时询问,以求甚解。

5.注意求助礼仪。求助的态度要诚恳、谦虚;不要突然打断帮助者的讲解;对于自己已理解的地方要点头示意;最后要表达自己的感谢。如果看到别人正在忙碌,可等对方方便时再约定指导的时间。

6.反思求助效果。对于并未达到预期效果的求助,我们需要好好思考一下,如何改进求助技巧或采用其他的方式来解决问题。如果遇到无法求助的情况,或者求助的效果并不理想,我们还可以采用其他的方式获取需要的信息,比如,把对方的笔记借过来看一看,或请他帮忙推荐几本参考书。

【生涯探索】

人际关系综合诊断表

这是一份人际关系综合诊断表,共28个问题。请根据自己的实际情况如实回答,"是"则打"√","否"则打"×"。

1.关于自己的烦恼有口难言(   )

2.和陌生人见面感觉不自然(   )

3.过分地羡慕和忌妒别人(   )

4.与异性交往太少(   )

5.无法进行连续不断的会谈(   )

6.在社交场合感到紧张(   )

7.时常伤害别人(   )

8.与异性交往感觉不自然(   )

9.与一大群朋友在一起的时候,常感到孤独或失落(   )

10.极易受窘(   )

11.与别人不能和睦相处(   )

12.不知道与异性相处时如何适可而止(   )

13.当不熟悉的人对自己倾诉TA的生平遭遇,以求同情时,常感到不自在(   )

14.担心别人对自己的印象不好(   )

15.总是尽力使别人欣赏自己(   )

16.暗自思慕异性(   )

17.时常想办法避免表达自己的感受(   )

18.对自己的仪表(容貌)缺乏自信(   )

19.讨厌某人或被某人所讨厌(   )

20.瞧不起异性(   )

21.不能专注地倾听(   )

22.自己的烦恼无人可倾诉(   )

23.受别人排斥或被别人漠视(　　)

24.被异性瞧不起(　　)

25.不能广泛地听取各种各样的意见、看法(　　)

26.常因受伤害而暗自伤心(　　)

27.常被别人谈论、愚弄(　　)

28.与异性交往时不知如何才能更好地相处(　　)

评分方法：凡"√"计1分，打"×"计0分，得分越高，说明你的人际关系问题越多，越需要提高你的人际关系处理能力。

以上量表是否对你的人际关系管理有所启示？

人际关系也称为人际交往，是指人与人之间在心理上的关系，既是一种动态的实践活动，也是一种静态的关系范畴。从动态讲，人际关系是指人们运用语言或非语言符号相互之间进行的信息沟通、思想交流、情感表达的互动过程。从静态讲，人际关系是指人与人之间已经形成的较为稳定的心理关系，反映的是人们之间的心理距离和亲疏状况。

【生涯体验】

爱在指尖

对于人际交往的对象，要能主动敞开心扉，接纳、肯定、支持、喜欢他们，保持在人际交往关系中的主动地位，从而也赢得别人的接纳、肯定、支持和喜欢。

活动步骤：

(1)请同学们站成两个人数相同的同心圆，内外圈成员相视而站。

(2)当指导人发出"手势"的口令时，每个成员向对方伸出1~4个手指。

1个表示"我现在还不想认识你"；

2个表示"我愿意初步认识你，并和你做个点头之交的朋友"；

3个表示"我很高兴认识你，并想对你有进一步的了解"；

4个表示"我很喜欢你，很想和你做好朋友，与你一起分享快乐和痛苦"。

(3)当指导人发出"动作"口令时，成员就做出相应的动作。

如果两个人伸出的手指不一样，就站在原地不动；

如果两个人都伸出1个手指，就各自把脸转向自己的右边，并重重地跺一下脚；

如果两个人都伸出2个手指，就微笑着向对方点点头；

如果两个人都伸出3个手指，就主动握住对方的双手；

如果两个人都伸出4个手指，就热情地拥抱对方。

(4)每做完一组"动作—手势"，外圈成员就分别向右跨一步，和下一个成员相视而站，再跟随指导人的口令做出相应的动作,以此类推,直到外圈成员和内圈成员都完成一组"动作—手势"为止。

(5)请获得最多拥抱的同学谈谈感受,并分享经验。

人际交往是个体社会化的必由之路。人际交往的特点是人与人的相互影响。人在交往中总是参考他人的所作所为和周围人的期待,从了解他们的意见、情感、要求中知道哪些该做哪些不该做,把别人的行为方式、态度、价值观等吸收过来形成自己的世界观和个性。

【生涯认知】

人脉就是经由人际关系而形成的人际脉络。生活中人与人相识相处,建立了各种关系。而各种关系之间的相互传递,就形成了人脉。人脉是以自己为中心,向外辐射的人际感性、利益关系网络。对你的人脉资源进行系统归类并开发利用,能大大拓宽你的职业生涯发展空间。

人脉资源分类

人脉资源根据其形成的过程,大致可以分为:血缘人脉、地缘人脉、学缘人脉、兵缘人脉、事缘人脉、客缘人脉、行缘人脉、好缘人脉、随缘人脉等。

血缘人脉:由家族、宗族、种族形成的血缘人际关系。血缘人脉是比较稳定而有力的人际关系。

地缘人脉:因居住地域相同或相近而形成的人脉关系。地缘人脉是相对的,如老乡关系,出了乡,同乡是老乡;出了省,同省是老乡;出了国,全中国的人都是老乡。

学缘人脉:因共同学习而产生的人际关系。学缘人脉不局限于相处时间较长的小学、中学、大学的同学关系。随着人们交际意识的提高,在各种各样的短期培训班甚至会议中,都蕴含着丰富的人脉资源。

兵缘人脉:因在同一个军营当兵而形成的人际关系。

事缘人脉:因一起共事而产生的人际关系。事缘人脉不局限于工作中的同事、上司、下属,往往一段短暂的共事经历也能形成良好的人际关系。

客缘人脉:因工作中与各类客户打交道而形成的人际关系。比如厂家、供应商、零售商、加盟商、合作商、消费者等。在进行商务交易和往来的过程中,客缘人脉其实是互为顾客关系的一种人际关系。

行缘人脉:因就职同一行业,所形成的人际关系。

好缘人脉:好缘即因共同的爱好而结缘,包含了业余爱好及专长技能等,比如因为共同喜欢打羽毛球而相互结识的球友。

随缘人脉:"一次短暂的聚会、一次偶然的邂逅,这都是上天给我们安排的随缘机会,只要我们抓住机遇,善于表现自己,又能理解他人,你的人生可能从此就会与众不同。

　　对中学生而言,目前比较容易建立的有血缘人脉、好缘人脉、随缘人脉等。其他的人脉关系,会随着交际范围的扩大而不断建立。

　　请你就目前的情况,利用下面的表格梳理自己的人脉资源。(其中有一些关系是你目前没有接触的,可以在日后不断完善此表。)

表5-3　人脉资源盘点表

类　　别	核心层人脉资源	紧密层人脉资源	松散备用层人脉资源
血缘人脉			
地缘人脉			
学缘人脉			
兵缘人脉			
事缘人脉			
客缘人脉			
行缘人脉			
好缘人脉			
随缘人脉			

【生涯体验】

良好的人际关系网会给我们的学习、生活和工作带来很大的帮助。在梳理自己的人脉网时,你是否会觉得无从下手?那么你是否想过身边亲近的人是谁?从幼儿园到现在,你有多少同学?在你的成长过程中,你有多少朋友?你还认识什么人?也许,以前你从来没有这个意识,那么从现在开始,有意识地记录你的社会交往吧。可以先从身边开始,从亲人、朋友以及他们所认识的人开始,逐步建起自己的人脉网络,这就是营建你的人脉银行的第一步。

做一个如下的表格,记下来每一个你认识的人。

表5-4 我的人脉银行记录单

姓名	关系	联系方式	职业	工作单位	优点	缺点	你对他的评价

对人脉进行划分后,要根据不同人脉群体的不同特点进行管理。有些人脉需要通过感情维持,有些人需要通过共同完成一些事情来培养默契,有些人脉需要通过拓展其他人脉来产生价值。

建立人脉网最重要的一条原则是:要想得到,必须先付出。人与人之间需要彼此的关爱,多给予彼此鼓励和赞美,用真诚去感悟"你、我、他",世间将充满欢笑和幸福。

第三节　职场同行——团队合作与社交礼仪

【生涯导读】

> 一个人的礼仪,就是照出他肖像的一面镜子。
>
> ——歌德

【生涯触点】

一位外国教育专家邀请中国的几个小学生做了一个小实验。一个小口瓶里,放着七个穿线的彩球,线的一端露出瓶子。这只瓶子代表一幢房子,彩球代表屋里的人。房子突然起火了,只有在规定的时间内逃出来的人才有可能生存。他请学生各拉一根线,听到哨声便以最快的速度将球从瓶中提出。实验即将开始,所有人的目光都集中在瓶口上。哨声响了,七个孩子一个接着一个,依次从瓶子里取出了自己的彩球,总共用了3秒钟!在场的人情不自禁地鼓起掌来。这位专家连声说:"真了不起!真了不起!我在许多地方做过这个实验,从未成功,至多逃出一两个人,多数情况是几个彩球同时卡在了瓶口。我从你们身上看到了一种可贵的合作精神。"

【生涯认知】

时代发展到今天,可以说人的社会属性较以往任何时候都显得更为明显和重要。团队精神是人的社会属性在当今的企业和其他各社会团体内的重要体现。团队精神事实上所反映的就是一个人与别人合作的精神和能力。

团队就是指一群拥有不同技能的人,他们为了一个共同的目标而努力,在达成目标的过程中,互补不足及坚守相互间的责任。团队不是指单纯意义上的集结,而是优势资源的整合与发展,作为职场管理人,要加强团队精神,要相信团队合作的力量,要明白企业的业绩单靠个人努力是不够的。团队建设必须要满足6个原则:平等友善、善于沟通交流、谦虚谨慎、及时化解矛盾、乐于接受批评、富有创造性。优秀的团队成员角色明确,尊重每个人的差异,既取人之长又容人之短,成员可以互相迅速补位。

1.团队的基本要素

团队是由数目较少、具有互补技能的人所组成,他们致力于共同的目的、绩效目标和工作方法,并愿意为此共同承担责任,团队所包含的基本要素有以下4点。

(1)共同的愿景、目标。杰出团队的显著特征，便是具有共同的愿景与目的。因此建立团队的首要要素，便是建立团队共同的愿景与目的，但是由于人的需求不同、动机不同、价值观不同、内心的恐惧不同，因此要让目标趋于一致，也是极为困难的。但是俗话说"人同此心，心同此理"，只要能具有同理心，加上熟练的技巧，建立共同的目标还是不难的。

(2)组织协调与团队关系。关系方面，存在着正式关系与非正式关系，例如经理与部属，这是正式关系，他们两人是同乡，这是非正式关系。团队关系的挑战，需要领导者创造环境与机会，协调、沟通、安抚、调整、启发、教育，让团队成员从生疏到熟悉、从防卫到开放、从不稳定到稳定、甚至从排斥到接纳、从怀疑到信任，关系愈稳定，组织内耗愈小，团队效能就愈大。

(3)规章制度。没有规矩不成方圆，车子若不按交通规则行驶，马路上会一片混乱。组织中缺乏规范更会引起各种不同的问题，报销缺乏制度、休假没有清晰的规定、奖惩没有标准，不仅会造成管理混乱、也会引起猜测、不信任。当然写下制度、制定规矩很容易，如何推行则很困难。领导者必须有能力建立合理、有利于组织的制度，并且促使团队成员认同制度，遵从制度。

(4)领导力(称职的团队领导)。将以上3种要素有效运用，并能判断情况，决定何时、何处、针对何人提出何种对策的能力，便是第四要素——领导力。所以领导能力是在动态情况中，运用各种方式，以促使团队目标趋于一致，建立良好团队关系，以及树立规范的能力。使用的技巧有沟通、协调、任务分配、目标设定、激励、教导、评价、适当批评、建议、授权、开会、奖惩等。

2.团队应具备的基本特征

(1)明确的目标。团队的每个成员可以有不同的目的、不同的个性，但作为一个整体，必须有共同的奋斗目标。

(2)清晰的角色。团队的成员必须在清晰的组织架构中有明确的角色定位和分工，团队成员应清楚地了解自己的定位与责任。

(3)相互的技能。团队成员要具备为实现共同目标的基本技能，并能够有良好的合作。

(4)相互信任。相互信任是一个成功团队最显著的特征。

(5)良好的沟通。团队成员间拥有畅通的信息交流，才能协调成员的行为，使团队形成凝聚力和战斗力。

(6)合适的领导。团队的领导往往起到教练或后盾作用，他们对团队提供指导和支持，而不是企图控制下属。

在信息化社会，合作是增强团队竞争力的方式之一。在合作中，可以实现共赢。那么团队中的每一位成员，可以着重培养自己的以下品质。

1.表达与沟通能力的培养

表达能力与沟通能力是非常重要的，不论你做出了多么优秀的成绩，不会表达，不能让更多的人去理解和分享，那就几乎等于白做。比如面试时，每个人的时间也就10分钟，如果不能在有限的时间里好好推销自我，可能就与一个好机会擦肩而过了。我们常说"行胜于言"，主要是强调做人应该多做少说。但现代社会是个开放的社会，你的好想法要尽快让别人了解。所以要注意培养沟通能力。抓住一切机会锻炼表达能力,积极表达自己对各种事物的看法和意见,并掌握与人交流和沟通的艺术。

2.培养自己主动做事的品格

我们都有成功的渴望,但是成功不是等来的,而是靠努力得来的。我们不应该被动地等待别人告诉你应该做什么,而应该主动去了解社会需要我们做什么,自己想要做什么,然后进行周密规划,并全力以赴地去完成。

3.培养敬业的品质

几乎所有的团队都要求成员具有敬业的品质。有了敬业精神,才能把团队的事情当成自己的事情,有责任心,发挥自己的聪明才智,为实现团队的目标而努力。个人的命运是与所在的团队、集体联系在一起的。这就要求我们有意识地多参与集体活动,并且想方设法认真完成好个人承担的任务,养成不管干什么事都认真对待的好习惯。

4.培养宽容与合作的品质

今天的事业是集体的事业,今天的竞争是集体的竞争,一个人的价值在集体中才能得到体现。集体中的每个人各有长处和缺点,关键是我们以怎样的态度去看待。能够发现对方的美,而不是挑他人的毛病,这一点对当代职场人士来说尤其重要。这就需要我们在日常生活中,培养与人相处的良好心态。

5.要培养自己的全局观念

要有整体意识、全局观念,考虑团队的需要。它要求团队成员互相帮助,互相照顾,互相配合,为集体的目标而共同努力。在工作期间,要有意识地培养全局观念。比如要建设一个优秀班组,就不能只考虑自己的需要而不关注别人的感受。要建设一个优秀部门,每个人就不能借口自己有这样那样的事情而不参与集体组织的活动,否则优秀集体难以形成,自己也很难从中受益。

【生涯探索】

每8人组成一个团队,你们会怎么建设你们的团队呢?

1.首先要明确团队目标。

2.选择一个好的领导。

3.确立团队成员标准,每个部分需要什么样的人选,进行具体分工。

团队组建后分享如下内容。

1.风采展示:本队在队长带领下要用语言,包括肢体语言向大家介绍本队,展示团队风貌。

2.队名解释:由队长或队长推选一名代表想大家解释本队的队名含义和特色,或解释队名代表什么。

3.队歌合唱:本队的成员一起合唱队歌(本队成员自行创作或根据原有歌曲改编而成)。

4.口号呐喊:本队队长带领成员一起喊出能够激励本队成员一起奋发拼搏的口号,这个口号将激励大家完成所有的挑战。

【生涯体验】

8个人一组,每个小组准备一张报纸,组内可以采用任意方式站在报纸上,坚持5秒即可顺利完成任务。站立时,要保证小组全体成员都站在报纸上,且脚不踏出报纸。

体验分享:在这个活动中,你有什么感悟?

【生涯探索】

在日常生活和工作中,礼仪能够调节人际关系,人们在交往时按礼仪规范去做,有助于人们之间互相尊重,建立友好合作的关系,避免不必要的矛盾和冲突。一般来说,人们受到尊重、礼遇、赞同和帮助就会产生吸引心理,形成友谊关系,反之会产生敌对,抵触,反感,甚至憎恶的心理。讲礼仪可以使一个人变得有道德,讲礼仪可以塑造一个理想的个人形象,讲礼仪可以使你的事业成功,讲礼仪可以使社会更加安定。掌握规范的社交礼仪,能为交往创造出和谐融洽的气氛,建立、保持、改善人际关系。

礼仪,是对礼节、仪式的统称,是指在人际交往中,自始至终地以一定的、约定俗成的程序、方式来表现的律己、敬人的完整行为。个人礼仪,指在社交活动中有关个人形象的设计、塑造与维护的具体规范。良好的社交礼仪应该从以下几个方面入手,请大家思考一下,看看能说出哪些礼仪?

表 5-5

仪容	
着装	
语言	
表情	
姿态	

续表

行为	
其他	

第四节　阳光总在风雨后——逆商与职场挫折

【生涯导读】

> 我觉得坦途在前,人又何必因为一点小障碍而不走路呢?
>
> ——鲁迅

> 种子不落在沃土而落在瓦砾中,有生命力的种子决不会悲观和叹气,因为有了阻力才有磨炼。
>
> ——夏衍

【生涯触点】

女儿向父亲抱怨她的生活,抱怨事事都那么艰难。

她的父亲是位厨师,父亲把她带进厨房。他烧开了三锅水,分别在锅里放入了胡萝卜,鸡蛋和碾成粉末状的咖啡豆。

大约20分钟后,父亲把火关了,把胡萝卜和鸡蛋捞起,把咖啡舀到一个杯子里。做完这些后,他让女儿观察这三样东西的变化。她发现胡萝卜变软了,鸡蛋煮熟了,咖啡豆变成了香浓的咖啡。她问道:"父亲,这意味着什么?"

父亲解释说,这三样东西面临同样的逆境——煮沸的开水,但其反应各不相同。胡萝卜入锅之前是强壮的,结实的,但到开水中后,它变软了。鸡蛋原来是易碎的,但是经开水一煮,它的内部变硬了。而粉末状的咖啡豆则很独特,进入沸水之后,它们倒改变了水。"哪个是你呢?"他问女儿。

当逆境找上门来时,你该怎么办?你是看似强硬,但遭遇痛苦和逆境后变软弱的胡萝卜吗?你是内心原本可塑,却变得倔强的鸡蛋吗?或者是遇到带来痛苦的开水,却散发出最佳香味的咖啡豆?

【生涯体验】

职场进化论

1.游戏规则:

所有成员都是电子商务员,蹲在地上,然后一对一,采用猜拳的方式进行PK,决出胜负,胜者晋升一级,即为初级调试工,作半蹲状,并与其他初级调试工进行猜拳PK,争取晋升机会。以此类推:初级调试工之间PK,胜利者晋升为中级调试工,可以站立;中级调试工之间PK胜利者便晋升为高级调试工,可以回到自己的座位。

2.要求

(1)请8位同学参与,其余同学记录每一名参赛同学PK的次数。

(2)所有成员要按照规矩猜拳PK,胜者晋升一级,输者退一级。

(3)专心参与,用心投入,互相尊重,注意安全。

3.分享:

分享蜕变过程中的体验和感受。

(1)胜利者:在游戏过程中你是一路顺利还是有起伏?胜利的心情和被PK掉的心情是什么样的?

(2)未晋升成功的人:在游戏过程中你是一直未晋升还是有起伏? 心情怎么样?

(3)旁观者:从旁观者的角度,你在看这个PK过程时,感受是什么? 你有什么启示?

【生涯认知】

挫折是指人们在有目的的活动中,遇到无法克服或自以为无法克服的障碍或干扰,使其需要或动机不能得到满足而产生的障碍, 即个体有目的的行为受到阻碍而产生的紧张状态与情绪反应。挫折包括挫折情境、挫折认知和挫折反应。其中,挫折认知是核心因素,对于同样的挫折情境,不同的认知会导致不同的反应。挫折可使意志薄弱者消极、妥协;也可使意志坚强者吸取教训,在逆境中奋起。

在物质生活与精神生活日益丰富的今天,在社会提倡尊重知识、尊重人才的环境下,在许许多多父母望子成龙、望女成凤的殷切期盼中,一些学生不能很好地面对人生挫折,导致心态失衡,离家出走甚至轻生。这些遭遇挫折时候所表现出来的消极行为不能不引人深思。近年来,挫折商即逆商AQ,越来越受到人们的关注和重视,逆商即人们面对逆境时的反应方式,也就是人们在面对挫折、摆脱困境和超越困难时的能力, 也叫耐挫力。越来越多的专家将它与智商IQ、情商EQ 并称为3Q,并认为3Q 是获取成功的不二法宝。有专家甚至断言,100%的成功=20%的IQ+80%的EQ 和AQ。

中学生一方面正处于心智发展的关键阶段,既渴望拥有解决问题的方法和策略;另一方面在学习上、生活中、为人处事时又存在一定的困惑、压力和负担;同时,中学生普遍缺少人生经验,思想上不够成熟,处理问题容易简单化,带有冲动性甚至走极端。在求职就业的过程中,找工作难,没有达到求职就业的预期目标,在工作中无法迅速完成任务等是产生职场挫折感的主要原因。在对高二年级的学生调查发现,只有1/5的学生有实习打工的经历,而他们在实习工作中都曾普遍遭遇挫折,却缺乏有效的应对方式,致使绝大多数学生对将来的实习、工作充满了担忧。因此,如何把挫折看作是成功路上的阶梯,正确地认识、应对人生道路上的挫折,懂得培养自己的高逆商AQ,就是对自己的未来生涯进行投资,是非常必要的。

保罗·史托兹教授将逆商AQ 划分为四个部分,即控制感、起因和责任归属、影响范围、持续时间。

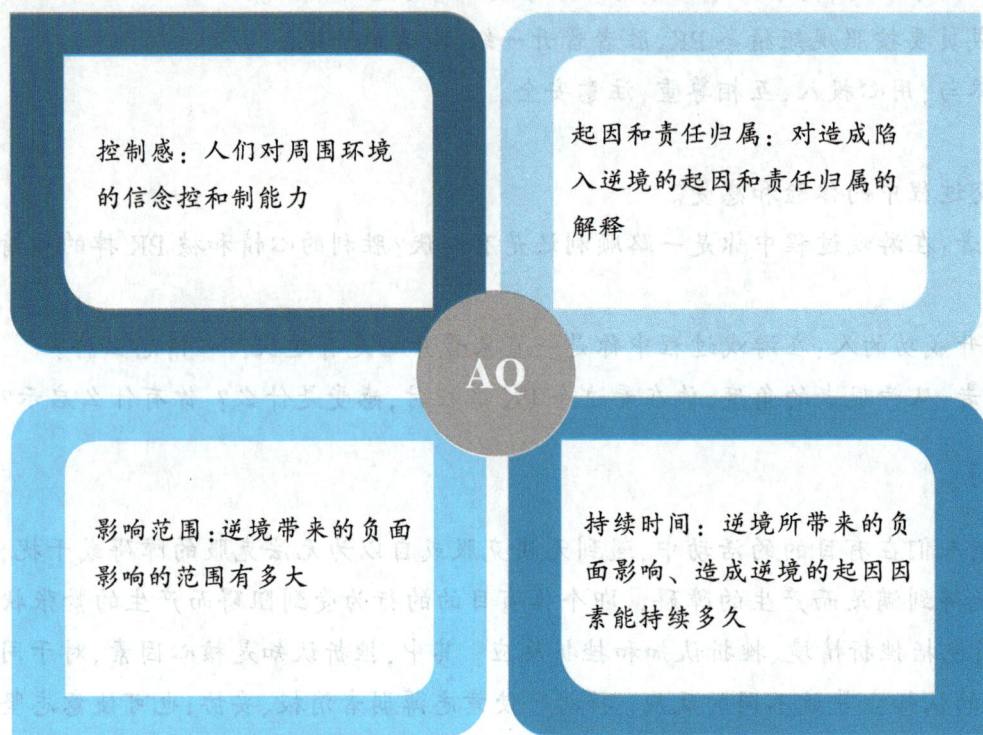

图5-4 逆商AQ

培养逆商AQ可以形成良好的思维和行为反应方式,增强人的意志力,提高摆脱困境的能力,有助于提高创业的成功率。大量资料显示,在市场竞争日趋激烈的今天,一个人创业成功与否,不仅取决于其是否有强烈的创业意识、娴熟的专业技能和卓越的管理才华,而且在更大程度上取决于其面对挫折、摆脱困境的能力。

高逆商AQ可以帮助人们拥有一流的成绩、生产力、学习力和创造力。逆商高的人销售业绩也远远超过逆商低的人的销售业绩,在公司中升迁的速度也快得多。因为逆商高的人在面对困难时往往表现出非凡的勇气和毅力,锲而不舍地将自己塑造成一个立体的人;相反,那些逆商低的人则常常畏畏缩缩、半途而废,最终一败涂地。

高逆商可以帮助人们保持健康、活力和愉快的心情。逆商不只是衡量一个人超越工作挫折的能力,它还是衡量一个人超越任何挫折的能力。面对同样的打击,逆商高的人产生的挫折感低,而逆商低的人就会产生强烈的挫折感。

【生涯探索】

逆商测试共有15个小问题,每个问题都有A、B、C、D、E五个答案,请你凭直觉快速答题(不必认真思考),然后对照计算方式得出自己的得分。

表5-6 逆商测试表

序号	问 题	选择项
1	由于自己的过失而导致某件重要事情失败,这件事情对你的影响	A 很快过去,没有任何影响 B 有一定程度的影响 C 有影响 D 有深刻影响 E 影响到自己的各个方面
2	某次重要考试严重失利,它给你带来的情绪影响	A 很快过去,没有任何影响 B 有一定程度的影响 C 有影响 D 有深刻影响 E 影响到生活的方方面面
3	你信任的亲友欺骗你或某件事情伤害了你,该事件给你带来的情绪影响	A 很快过去,没有任何影响 B 有一定程度的影响 C 有影响 D 有深刻影响 E 影响到自己的各个方面
4	你的班主任没有批准你急需的假期,这件事给你带来的情绪影响	A 很快过去,没有任何影响 B 有一定程度的影响 C 有影响 D 有深刻影响 E 持续很长时间
5	你丢了一件十分重要的物品。这件事给你带来的影响	A 很快过去,没有任何影响 B 有一定程度的影响 C 有影响 D 有深刻影响 E 影响到自己的各个方面
6	当你清楚由于不良作息和饮食习惯而影响自己时,你能改善吗	A 完全可以 B 通常情况下可以 C 信心不足,可以尝试 D 很难改变 E 无法改变
7	如果自己的经济状况很紧张,你能否主动改变现状	A 完全可以 B 通常情况下可以 C 信心不足,可以尝试 D 很难改变 E 无法改变
8	若生活和学习难以平衡,你能否改善这种情况?	A 完全可以 B 通常情况下可以 C 信心不足,可以尝试 D 很难改变 E 无法改变
9	你所负责的事情没能达到目标,你认为自己应当为改善当前的状况承担多少责任	A 负全部责任 B 感到自己应该负责 C 有责任,逐步改善 D 已尽力,自己分析原因 E 无任何责任
10	若你错过了一次晋升班的干部的机会。你认为自己应当为改善这种情况承担多少责任	A 负全部责任 B 感到自己应该负责 C 有责任,逐步改善 D 已尽力,自己分析原因 E 无任何责任
11	接连几次遭遇同样的失败,你还愿意继续面对吗	A 完全可以 B 通常情况下可以 C 信心不足,可以尝试 D 很难面对 E 无法面对

续表

序号	问 题	选择项
12	你满腔热情投入学习(效率很高),却突然被告知终止或失败,该事件给你带来的影响	A 很快过去,没有任何影响 B 有一定程度的影响
		C 有影响 D 有深刻影响
		E 影响到自己的各个方面
13	父母坚决不同意你的合理要求。这件事带给你的情绪影响	A 很快过去,没有任何影响 B 有一定程度的影响
		C 有影响 D 有深刻影响
		E 影响到自己的各个方面
14	对于你的最新观点,人们持反对意见,你能否改变这种情况	A 完全可以 B 通常情况下可以
		C 信心不足,可以尝试
		D 很难改变 E 无法改变
15	你不小心删掉了一份很重要的电邮,这件事带来的影响	A 很快过去,没有任何影响 B 有一定程度的影响
		C 有影响 D 有深刻影响
		E 持续很长时间

计分标准:选 A 计 5 分,选 B 计 4 分,选 C 计 3 分,选 D 计 2 分,选 E 计 1 分。你的总分( )分。

解读:如果你的分数在 60~75 分之间,说明你直面挫折和抗压的逆商很高;在 45~60 分之间,说明逆商处于中等;如果总分低于 30 分,则说明逆商能力水平还有待提升。

【生涯知识】

人生难免会遇到困难,遭受挫折,有时甚至让人感到痛苦和失望,且时常有人不能正确地对待逆境,甚至酿成人生憾事。正确认识挫折的意义与价值,是人拥有正确的人生观和积极的人生态度的关键。困难与挫折并非只有消极作用,它可以彰显人生意义、磨炼人的意志并成就人生。认识困难、挫折的意义与价值,并以乐观的心态面对,是当代学生必备的心理素质,是走向积极建构生命、提升生命品质的重要前提。

从现在开始,我们应该着重培养自己的逆境检视和面对反应系统。

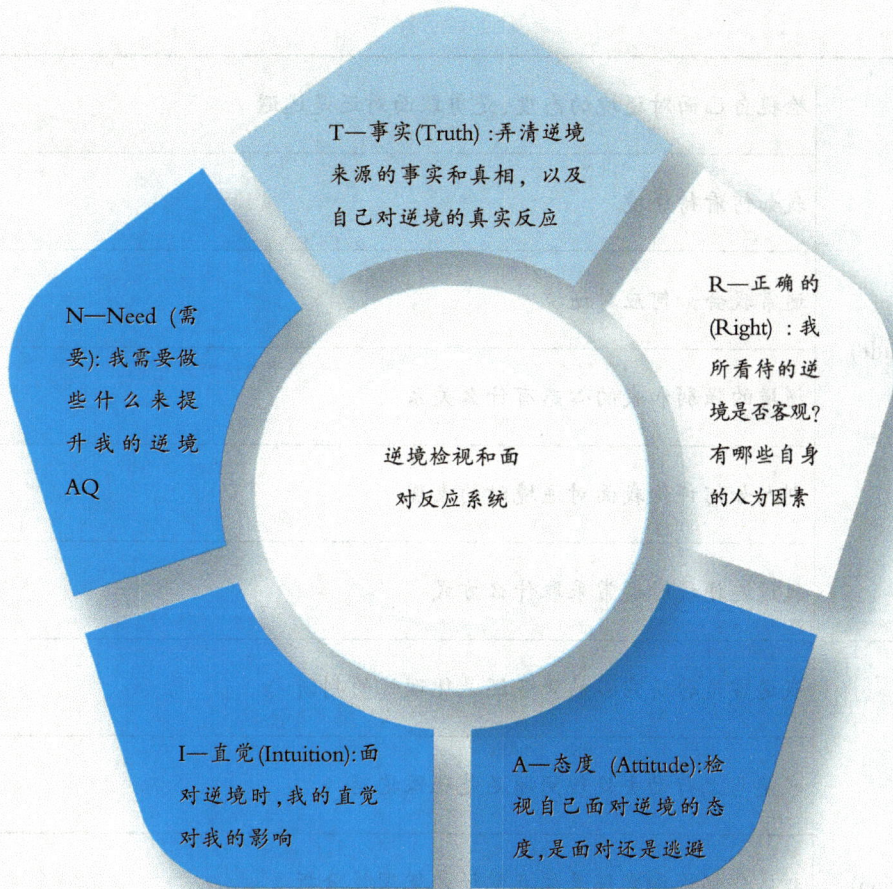

图5-5　逆境检视和面对反应系统

表5-7

T-事实(Truth)	这个逆境到底是什么原因造成的
	我无法控制面对逆境时的心态,原因是什么
	客观来说,我要负的责任是什么
	逆境会影响我多长时间
	逆境会影响多大的范围
R-正确的(Right)	我所看待的逆境是否客观?有哪些人为因素
	这些原因中哪些是我造成的?哪些是别人造成的
	哪些证据证明在逆境中我对责任的区分是正确的
	我所认定的逆境和分析是否准确
	我对逆境的看法和别人对逆境的看法有何偏差
	我克服逆境的真正动力在哪里

续表

A–态度(Attitude)	检视自己面对逆境的态度，是勇敢面对还是逃避
	我如何看待逆境
	通常我会如何应对逆境
	逆境的强弱和我的心态有什么关系
	别人如何评价我面对逆境时的表现
	我逃避逆境时通常采取什么方式
I–直觉(Intuition)	我通常是聆听内心的声音还是凭理性的判断
	我是马上行动去处理问题还是犹豫拖延
	我区分起因和责任是凭直觉还是凭理性分析
	我怎样看待自己的直觉能力
	我的直觉对克服逆境的有哪些帮助？有哪些障碍
N–需要(Need)	我需要做什么来提升我的逆商
	我还需要哪些额外的资料
	我能做什么来克服逆境
	我能做什么来缩小逆境的影响范围
	我能做什么缩短逆境影响我的时间

　　衡量一个人成功的标志，不是看他登到顶峰的高度，而是看他跌到谷底的反弹力。人生从来都不是一帆风顺的，当我们能够认识到这一点，当我们还希望自己能够成为攀登者，我们就要有意识地去提升自己的逆商。

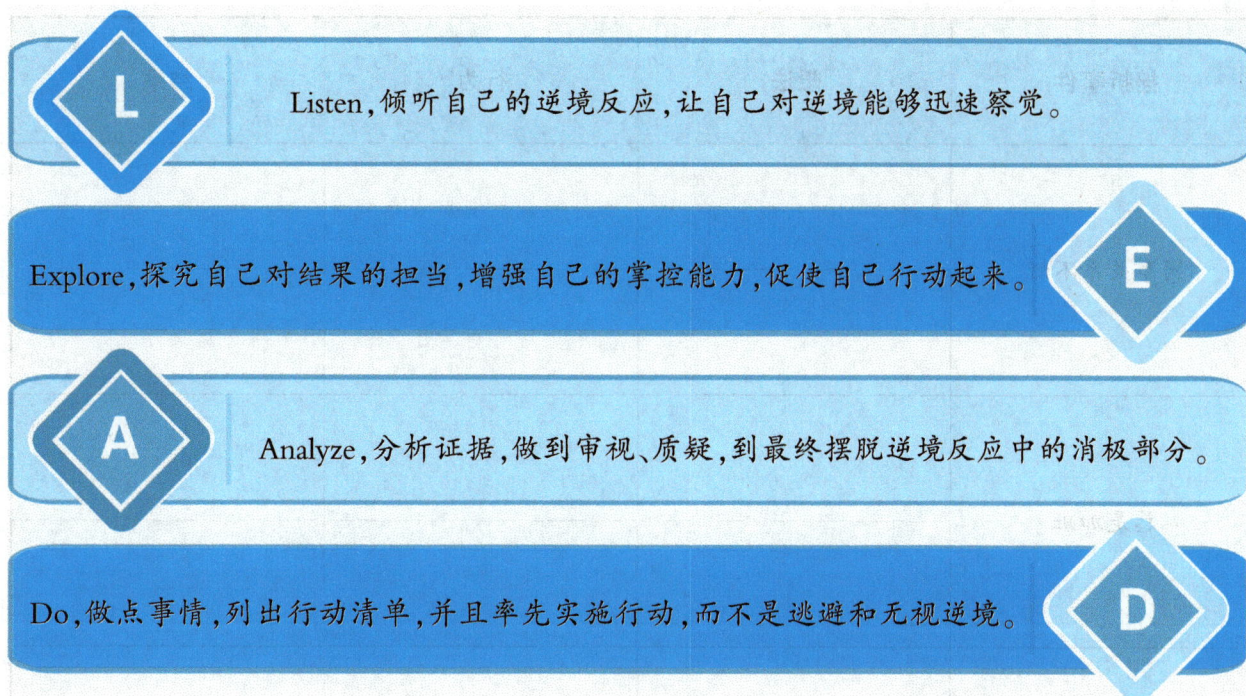

L Listen,倾听自己的逆境反应,让自己对逆境能够迅速察觉。

E Explore,探究自己对结果的担当,增强自己的掌控能力,促使自己行动起来。

A Analyze,分析证据,做到审视、质疑,到最终摆脱逆境反应中的消极部分。

D Do,做点事情,列出行动清单,并且率先实施行动,而不是逃避和无视逆境。

图 5.6

【生涯拓展】

除了增加自己的内在力量以外,我们还可以利用其他方法来应对挫折。

1.宣泄法。寻找合适的对象倾诉,将你的痛苦向你认为值得信赖的人倾诉。设定和调整期望值。

2.正确分析原因,积极应对。

3.寻找你的优势。

4.调整对挫折的认识,树立正确的挫折观。

下面我们来看看面对这些职场挫折,如何改变想法和做法,才能克服逆境。

表 5-8

挫折事件	想法	行为	结果
脏活累活都是我来做	欺负我是新人	抱怨、不想干	丢工作
	我是新人应该多做	积极工作,学到更多	加薪
工资低			

挫折事件	想法	行为	结果
同事关系不好			
总是加班			
什么都不会			

虽然我们还未步入职场,但很多同学已经在暑假或者平时都涉足职场了,比如做暑期工、自己创业,在这期间,你遇到过哪些挫折?当时是怎么处理的?若再发生一次,你会怎么处理?

第五节 细节铸就成功——职业面试

【生涯导读】

　　微软亚洲研究院副院长沈向洋对前来采访的记者说："我有时一天要面试10多个人,对每一位求职者的面试都极其严格,不少落选的人并不是不优秀,而是某方面不符合微软的文化精神和价值标准。"西门子招聘,没有笔试,也没有心理测验,只有面试。但面试者全都经过严格培训,对每个职位需要什么能力、素质的人非常清楚。西门子有一个全球人力资源题库,一个小时的面试,前5分钟测什么,后10分钟测什么,程序非常严格,最后都有结论。

　　面试已经越来越多地被企业所运用,且承担着是否录用一个人的重要指标;专业则越来越成为一个相对概念。

　　当你百度搜索职业面试的时候,会出现920000多条搜索结果。面试成为了我们一生当中,几乎都会遇到的事情。高中生即将跨进大学,更有甚者,有些高中生会直接踏入社会工作,关于即将到来的面试,又该如何去准备呢?

【生涯知识】

表5-9

常见形式	相关事项
电话/视频面试	注意礼仪,充分熟悉自己的简历和个人介绍
一对一面试	不要用简单的是或否来回答问题;陈述要有逻辑;对一些需要选择的问题要事先思考清楚
一对多面试	几位面试官同时面试一位候选人,过程相对辛苦和冗长
小组面试	它由一组应试者组成一个临时小组,讨论给定的问题,并做出决策,由于这个小组是临时的,所以并不指定谁是负责人,目的就在于考察应试者的表现,尤其是看谁会从中脱颖而出,成为自发的领导者
行为面试	要求应试者描述其过去某个工作或者生活经历的具体情况来了解其各方面素质特征的方法。行为面试中常用的一种技巧叫STAR,分别为:情景,我当时所面临的情景;任务,当时的任务是什么;行动,我采取了什么样的行动;结果,我达到了什么样的结果

续表

常见形式	相关事项
案例面试	用具体案例来考查应试者。在一个案例面试中,主试者会讲述一些关于公司的信息,同时提出一个公司面临的问题或者所处的两难困境。案例可以仅仅是口头上的表达,也可以是书面的。公司和事件可以是真实的事例,也可以是虚构的。应试者对这个公司面临的问题给出一些答案或者建议
情景面试	包含一系列与申请职位或工作相关联的场景问题,这些问题有预先确定的明确答案,主试者对所有应试者询问同样的问题,应试者同样可以问与工作相关的问题。所以,应试者一定要做好职位调研。提前了解报考职位的岗位职责、工作内容、相关法律法规等,做到心中有数,考试中遇到工作场景的问题才能有的放矢
压力面试	有意制造紧张,以了解应试者将如何面对工作压力。主试者通过提出生硬的、不礼貌的问题故意使应试者感到不舒服,针对某一事项或问题做一连串的发问,打破砂锅问到底,直至无法回答。压力面试往往穿插于行为面试和案例面试中
……	……

常见问题

介绍一下你自己。

你的短期目标是什么? 2年后和5年后你的目标是什么?

你怎么看待这份工作和职位?

你最满意/不满意的经历是什么?

你的长处/弱点是什么?

你为什么适合这份工作?

你怎样缓解压力、怎样保持生活平衡?

你最喜欢/不喜欢什么课程? 为什么?

从你的业余活动/社会实践/实习经历中,你学到或者得到了什么?

如果我让你的老师和同学来评价你,你认为他们会怎么说?

【生涯体验】

职场面试大盘点

在职场面试中,你觉得如何才能给面试官留下一个好的印象?请与小组成员讨论,并填写下表。

表 5-10

精神面貌	
外貌	
举止	
衣着	

小组代表分享讨论结果,完善表 5-10 的内容。

【生涯认知】

表 5-11　面试礼仪

	男	女
着装	正式着装:不宜超过三种颜色,干净且熨烫平整。西装务必拆除衣袖上的商标。衣兜、裤兜内要少装物品。皮鞋尽量不要选给人感觉有攻击性的尖头款式	不宜着装暴露或太紧。以着裙装,套裙为首选,长度应在膝盖及以下,不宜过短,同时搭配无洞肉色长筒丝袜。鞋子搭配裙、裤,不宜漏出太多脚趾,不穿凉拖
妆容	面部干爽洁净,不油腻	着淡妆,指甲不宜过长,美甲颜色庄重
坐姿		

续表

男	女
动作 与人谈话时不要用手支着下巴。坐沙发时不应太靠里面,不能呈后仰状态。不要抖腿。脚尖不要指向他人。视线尽量保持水平,表示客观和理智,如果有几个面试官在场,说话的时候要适当用目光扫视一下其他人,以示尊重。交谈很投机时,可适当地配合一些手势讲解,但不要频繁耸肩,手舞足蹈。对方递送名片应以双手接过来,并认真看一看,熟悉对方职衔,然后将名片拿在手中。保持适当微笑,不易过度	
聆听 专注有礼,应注视对方以表示专注倾听,如直视的双眼,赞许的点头 有所反应,不时地通过表情、手势、点头等必要的附和,向对方表示你在认真地倾听。如果巧妙地插入一两句话,效果则更好 有所收获,聆听是捕捉信息、处理信息、反馈信息的过程 有所判断,倾听时要仔细、认真地品味对方话语中的言外之意、弦外之音、微妙情感,细细品味,以便正确判断他的真正意图	
握手 要讲究先后的顺序,握手的先后顺序是根据握手人双方所处的社会地位、身份、性别和条件来确定的,其基本原则是:上级在先,长辈在先,女士在先。握手通常以三五秒钟为宜,要注意把握好力度,双目注视对方,面带笑容,同时应配以适当的敬语,如"再见""再会""谢谢"等	
结束 致谢:表示与主考官们的交谈使你受益匪浅,并希望今后能有机会再次得到对方进一步的指导。 期待合作的机会:再次强调你对应聘该工作的热情,并感谢对方抽时间与你进行交谈	

应聘前未雨绸缪,尽可能地掌握招聘单位更多的信息。进入面试阶段时,选择适当的时机主动出击,或者对招聘单位现有的经营提出一个完美的改革方案;或者对公司发展前景作一番展望;或者谈一下一旦被聘用,你有哪些能力能为他们带来效益等。关键是要将话说到点子上,让招聘人员产生这样的印象:你虽未正式"登场",但已经提前进入了角色。在这种情况下,用人单位难道不会对你刮目相看、情有独钟吗?

求职过程中,被用人单位拒绝是很正常的。其原因不胜枚举:要么是你的学历不够,或者所学的专业不完全对口;要不就是受年龄、经验等其他因素所限。可以说,除非你是"度身定制"的专才,招聘单位对你一见钟情的概率是少之又少的。关键是在求职的过程中要树立信心,不放弃任何一次可能成功的机会,要有一种不达目的誓不罢休的精神。正所谓"精诚所至、金石为开"。任何用人单位都欢迎那种做事锲而不舍、百折不挠的人才。

面试礼仪禁忌

不准时入场

着装、举止不得体

当面询问面试结果

进门不打招呼,临走不说"谢谢"

急于表现自己

面试过程中接手机

为一些小事过多解释

随意打断面试主考官的话,或随意转移话题

【生涯探索】

面试小品

活动步骤:

1. 老师和两位同学作为面试官。

2. 每小组选派一名同学作为求职者,模拟面试每人不超过5分钟。

3. 其他同学观察求职者的面试过程,记录其不足之处。

4. 每次面试结束后,所有同学讨论求职者的表现,包括礼仪和问题的回答。

5. 参加面试的同学讲述自己的面试感受。

记录单

第六章　提升生涯智慧

第一节 有一种情怀——创业精神与创业素质

【生涯导读】

> 思路决定出路,布局决定结局。
>
> ——牛根生

【生涯触点】

当年梦想打造一个"托普经济帝国"的宋如华曾做过这样的职业生涯规划:第一阶段花四年的时间,用来巩固已有的平台,不断完善提高,这是一种国内提升、国际推进;第二阶段用四年的时间,做好国内夯实工作,并以此为跳板,实现国际提升;第三阶段用两年的时间进行整理,把整个托普集团的运营管理体系完善起来。要争取使托普集团的营业额达到 2000 亿,毛利120 亿,纯利 24 亿。要争取让托普的股票市值超过 1500 亿。

无独有偶,当年的亚细亚掌门人王遂舟制订的总体目标是:2000 年前,形成以零售业为龙头,以金融证券和房地产业为两翼,以实业开发为基础的大型企业集团,达到年销售总额 500亿元,在全国商界排名第一:综合实力进入全国企业前十,成为对中国经济有重大影响的国际托拉斯。

【生涯认知】

就业,对于从业者来说,必须根据企事业单位领导干部的思路去完成工作,仅是自己的职责;创业,就完全不同了,它是创造价值,可以按照自己的想法、思路去做自己喜欢的事情。在当今这个时代,创业已经成为一个热门词,更成为一个愈演愈烈的趋势。

创业,对于高中生而言,身处在这个瞬息万变的时代,感受创业的激情和成功,也是很多同学的一个梦想,无论选择继续上学还是自主创业,我们都有必要了解,创业者应该具备真正的创业精神,机遇总是垂青那些有充分准备的人。创业,对社会和个人有着巨大而深远的影响,同时,创业绝对不是随随便便、一蹴而就的事,它需要做足够的准备,尤其是对渴望创业、又缺乏社会阅历和工作经验的学生而言,一要慎重选择创业,二要做好充分、细致的准备。对个人而言,自我创业想要成功,必须具备真正的创业精神和创业素质。

什么是真正的创业精神?哈佛大学的定义是:"创业精神是一个人不以当前有限的资源为

基础而追求商机的精神。"可见,创业精神代表着一种突破资源限制,通过创新来创造机会、创造资源的行为,而不是简单地体现在创造新企业,或体现在创新上。所以创业精神可以概括为:"没有资源创造资源,没有条件创造条件,用有限的资源去创造更大的资源。"创业的道路是坎坷的,选择了创业就是选择了面对更多困难、迎接更多挑战,而创业精神就体现在战胜困难与挑战的过程中。

知识经济的浪潮已经彻底改变了财富的分配方式,而对于许多中国的年轻人来说,现在首先要改变的恐怕还是观念。当你怀揣厚厚的求职材料为找一个用人企业而四处奔走的时候,当你想出绝妙的主意而领导干部采纳的时候,为什么不换一种思路?与其为别人做打工仔,还不如自己去创业。

信息时代是一个技术变革、思想变革活跃的时代。知识在当今企业中的分量越来越重,资金的需求相对减少,有利于创业起步。同时交易成本下降,特别是互联网的出现,使交易成本降得更低,增大了创业成功的机会。因此创业成了越来越多的年轻人的追求。

回顾中国企业的发展,1984年注定是一个神奇的年份。海尔、联想、万科、明基、蓝星、正泰、龙科……十几家日后在国内声名卓著而颇有规模的企业在这一年里同时开始了默默无闻的创业。30多年来,大浪淘沙,大批曾经各领风骚三五年的大企业又纷纷倒下,例如秦池、爱多、巨人、三株……不论企业成功与否,创业者都给我们留下了一笔宝贵的财富。从企业的兴衰沉浮中,我们看到了创业企业核心人物的重要性,领导者的素质与精神关系着企业的命运。他们的激情、坚持、创新、使命和诚信既是总结明星企业的创业经验教训而得出的,也是新时代的真正创业精神。

成功的创业者有着一些共同的特征,这对创业成功有着重要的作用。因此,进行创业决策,需要了解创业特征和特质,需要了解自己是否具备这些特征和特质。并不是所有的人都具有创业的素质,心理社会学家认为以下十类人不具备创业的素质。

1.缺少职业意识的人

2.优越感过强的人

3.唯命是从,只会说"是"的人

4.偷懒的人

5.片面和骄傲的人

6.僵化和死板的人

7.感情用事的人

8.多嘴多舌与固执已见的人

9.胆小怕事、毫无主见的人

10.患得患失又容易自满的人

成为创业者的一项必备条件就是能够向其他人提供有价值的东西。别人对你的产品或服务的需求越大,你的潜在收益就越高。如果你能帮助别人提高他们的生活水平,或改善他们的生活质量,你就可以服务于社会的需求。这就是为什么好公民同时也是好创业者的原因了。

【生涯探索】

如果你对自己是否适合创业还是不太清楚,那就看看下面这组测评吧。

下列 32 组句子中,每组都有两个选项,选出最能够反映你个人特征的表述。

1. A.一定要完成工作

　　B.我喜欢与优秀的朋友在一起,这样我能够获得他们对我的工作的见解和建议

2. A.当我的责任增加时,我会感到更加快乐

　　B.我喜欢把什么事情都事先安顿好

3. A.我决不做任何可能使自己受损失的事情

　　B.理解如何赚钱是创业的第一步

4. A.不管是多好的事情,如果这件事情的失败可能使我招致嘲笑,我就不会冒险去做

　　B.除了工作之外,我还记挂别人的安康

5. A.我会为自己开创的任何事业而努力

　　B.我只会做那些使我开心并有安全感的事

6. A.如果我失败了,别人会嘲笑我

　　B.尽管我对自己很有信心,我还是需要别人的建议

7. A.在遇到困难时,我要找到解决的方法

　　B.如果在新开创的事业中失败,我会继续目前的工作

8. A.如果我觉得一种想法是好主意,我就会去实践这种想法

　　B.我能够比现在做得更好

9. A.工作时,我会注意维系良好的人际关系

　　B.不管发生什么事,都是我从这些经历中学习的机会

10. A.即使我的努力失败了,我也能从中学到东西

　　B.我喜欢舒适的生活

11. A.我只会投资比赛或彩票,总有一天幸运会落在我头上的

　　B.如果我在工作中失利,我会努力找出原因

12. A.我会尊重我的员工,并对他们一视同仁

　　B.如果能有更好的工作,我就会离开现在的工作

13. A.在实施一种新的想法之前,我会慎重考虑

　　B.如果我的叔叔去世,我会先去参加葬礼,即便这会导致公司订单延误好几天

14. A.只有当我拥有资本时,我才能够发展一项事业

　　B.我希望能够自己做出重要决定

15. A.当别人的好意和信任被背叛时,我不会坐视不理

　　B.如果事情没有按照我的设想发展,我会寻求其他的替代机会

16. A.我可以犯错误

B.我非常喜欢与朋友谈天

17. A.我希望我的钱能够安全地存在银行里

B.我完全认可我的工作,同时我也了解它的优劣

18. A.我希望能够拥有很多钱,从而过上舒适的生活

B.在做决定时我希望能够得到别人的帮助

19. A.人们首先应该照顾好自己的亲人和朋友

B.我喜欢解决难题

20. A.即便可能损害自己,我也不会做让别人不开心的事情

B.钱是事业发展的必需品

21. A.我希望我的事业能够很快发展起来,这样我就不会遇到经济困境

B.不能因为不成功就去责备自己

22. A.我应该能够独立地按照自己的想法去做事

B.只有为自己的未来积累了一大笔钱后,我才会幸福

23. A.如果我失败了,那主要是别人的错误造成的

B.我只会做那些让我感觉舒服且令我满意的事情

24. A.在开始一份工作之前,我会认真考虑它是否会对我的声誉造成不利的影响

B.我希望自己能和别人一样,也买得起昂贵的东西

25. A.我希望能够有舒适的房子住

B.我会从失败中吸取教训

26. A.在做任何工作之前,我都要考虑它的长期影响

B.我希望每件事情都能按照我的想法进行

27. A.金钱能够带来舒适的生活,所以我的主要目标在于赚钱

B.我喜欢在能够经常见到朋友的地方工作

28. A.我了解自己正在做的事,我不怕受到别人的批评

B.如果我失败了,我会觉得自己非常差劲

29. A.碰到困难是常有的事,我应该尝试去做一些新工作

B.在开始新工作之前,我会采纳有经验的朋友们的建议

30. A.我的所有经历都会激励我前进

B.我希望能有很多钱

31. A.我喜欢每天从容不迫,万事顺利,没有任何烦恼

B.不管遇到多大的困难,我将努力达到目标

32. A.我不喜欢别人无故干涉我做事

B.为了赚钱,我可以做任何事情

在每组中选择"A"或"B",根据下表将每题所得分数相加得出总分

每题得分如下表:

表 6-1　创业个性特征测验评分表

题号	选项	分值	题号	选项	分值	题号	选项	分值	题号	选项	分值	题号	选项	分值	题号	选项	分值
1	A	1	2	A	2	3	A	0	4	A	0	5	A	2	6	A	0
	B	2		B	1		B	1		B	1		B	1		B	2
7	A	2	8	A	1	9	A	1	10	A	2	11	A	0	12	A	1
	B	0		B	2		B	2		B	1		B	2		B	1
13	A	2	14	A	1	15	A	1	16	A	1	17	A	0	18	A	1
	B	0		B	1		B	1		B	1		B	2		B	0
19	A	0	20	A	1	21	A	1	22	A	1	23	A	0	24	A	1
	B	2		B	1		B	0		B	1		B	2		B	1
25	A	1	26	A	1	27	A	1	28	A	2	29	A	0	30	A	2
	B	2		B	1		B	1		B	0		B	1		B	1
31	A	1	32	A	1	我的得分是：											
	B	2		B	0												

0~25:不具备创业特征

26~36:中等

37~47:具有一定创业特征

48 以上:非常具备创业特征

【生涯知识】

一、创业者的重要特征

1.努力工作

创业需要很大的精力投入和动力支持,创业者要具备包括在必要时能够长时间工作、阶段性集中工作以及适应睡眠不足的状况等能力。

2.自信

要成功,创业者就必须相信自己,相信自己具有实现设定目标的能力。这一特征常常表现为一种信念:"如果你非常想要某样东西,并准备为之而奋斗,那么你通常就能得到它。"

3.愿景构建

成功的创业者大都把拥有一份靠自己能力获得的有保障的工作和收入作为自己的目标。

4.以利润为导向

赚钱的兴趣是衡量一个人是否适合成为创业者的最明确指标。一旦获得利润,企业家就可以决定如何使用这些利润:是用来扩大生意,还是私人之用。

5.以目标为导向

商业成功与否取决于能否设定现实的目标,并坚定地去实现这一目标。设定目标并能够努力去实现目标的能力是成为创业者的基本条件。

6.持之以恒

所有的企业都会出现问题,也都有令人不满意的时候。能够持之以恒地解决问题是成为成功创业者的关键因素。

7.应对失败

所有的商业活动既有成功也有失败。要应对失败,就要能够认清这些失败,从失败中吸取经验教训并寻找新的机会。没有这种应对能力,早期的失败就会终结一个人的创业尝试。

8.对反馈做出回应

创业者应该了解自己做得怎么样,明确自己的表现情况。能够从别人那里得到有用的反馈和建议,是创业者要具备的又一重要特征。

9.主动性

成功的创业者会主动地对成功或失败承担责任。

10.倾听

成功的创业者不是那种不会使用外部资源的内向的人,他们依靠自己,同时会在必要的时候向银行专家、会计或商业顾问等外部资源寻求帮助。能够听取别人的建议也是创业者的重要特征。

11.设定自己的标准

设定行为标准,之后为达到标准而工作,这是判断成功创业者的又一指标。这些标准可以包括收入、质量、销售或产品流转。大部分创业者希望一年比一年做得更好,设定并达到更高的标准。

12.应对不确定性

创业远比打工存在更大的不确定性,这种不确定性主要是与销售和周转相关的,不过它也经常会出现在其他一些领域,诸如材料运输和价格、银行支持等。能够从容应对这些不确定性的能力也是成为创业者所必需的。

13.投入

创办和运营企业需要创业者在时间、资金以及生活方式上的完全投入,创业本身需要在创业者的生活中占据优先位置。

14.发挥优势

成功的企业家把他们所做的事情依托于自己的优势,诸如动手能力、人际关系、销售技能、组织技能、写作技能、对某种产品或服务的了解、对某种行业人员的了解以及建立并使用人际网络的能力。

15.可靠诚实

一个人在履行自己诺言时所表现出来的诚实、公正、可靠等品质,是成功创业者的重要特征。

16.承担风险

选择创业要面对很多风险,创业者要有能力去衡量、评估风险,包括计算可能的成本和收益、成功的机会以及风险的可规避性等。

二、如何提高创业者必需的素养和能力

你必须明白自己是否具有创办和经营企业所需的能力和经验。你的工作经验、技术能力、企业实践经验、爱好、社会交往和家庭背景对于企业的成功都是很重要的因素。

如果发现自己缺乏创办企业所必备的素质和能力,可以通过如下方法进行培养和提高。

1.与企业人士交谈,向成功的企业人士学习,并知道你的成功极大地取决于自己的努力。

2.做成功的企业人士的助手或学徒。

3.参加培训班或学习班,接受培训。

4.阅读一些可以帮助你提高经营技巧的书籍。

5.阅读报纸上关于企业的文章,找出这些企业的问题以及他们解决问题的方法。

6.与家人讨论经营企业遇到的困难并说服他们支持你。

7.讨论某种情况或某种想法的利弊。

8.制订企业计划,增强你的创业动机。

9.提高思考问题、评价问题以及应对风险的能力。

10.思考如何更好地应对危机局面。

11.多接受别人的观点和新的想法。

12.遇到问题时,要分析问题的前因后果,并提高自己从错误中吸取教训的能力。

13.加大对工作的投入,并且要认识到:只有努力工作,才能获得成功。

14.寻找能与你取长补短的合伙人,而不是完全依靠自己去创办企业。

你可以买成功企业家的传记,从他们身上学习创业需要的品质、经验、知识、技能等;你可以尽量多地参加社会活动,提高自己作为一位创业者的各种综合素质;你甚至可以利用周末、寒暑假做一些小小的生意,赚取自己的第一桶金,如果做得好,你可以坚持做下去,为自己创业积累经验甚至金钱。

第二节 我要的幸福——学会快乐生活

【生涯导读】

> 一个人有了远大的理想，就是在最艰难的时候，也会感到幸福。
>
> ——徐特立
>
> 人真正的完美不在于他拥有什么，而在于他是什么。
>
> ——王尔德

【生涯触点】

故事一：

三个工人在砌一堵墙。有人过来问他们："你们在干什么？"第一个人没好气地说："没看见吗？砌墙。"

第二个人抬头笑了笑说："我们在盖一栋高楼。"

第三个人边干活边哼着小曲，他开心地说："我们正在建设一座新城市。"

十年后，第一个人依然在砌墙；第二个人坐在办公室里画图纸——他成了工程师；第三个人呢，是前两个人的老板。

故事二：

有一个探险家，到南美的丛林中，找寻古代文明的遗迹……他雇用了当地人作为向导及挑夫，一行人浩浩荡荡地朝着丛林的深处去。那群当地人的脚力过人，尽管他们背负笨重的行李，仍健步如飞。在整个队伍的行进过程中，总是探险家先喊着需要休息，让所有人停下来等他。探险家虽然体力跟不上，但希望能够早一点到达目的地，一偿平生的夙愿，好好地研究古代文明的奥秘。

到了第四天，探险家一早醒来，便立即催促大家打点行李，准备上路。不料当地人却拒绝行动，令探险家恼怒不已。经过深入的沟通，探险家终于了解，这群当地人自古以来便延续着一种习俗，在赶路时，会竭尽所能地拼命向前冲，但每走上三天，便需要休息一天。探险家对于这种习俗好奇不已，询问做翻译的向导，为什么在他们的部族中，会留下这么耐人寻味的休息方式？向导很庄严地回答探险家："那是为了让我们的灵魂，能够追得上我们赶了三天路的疲惫身

154

体。"探险家听了向导的解释,心中若有所悟,沉思了许久,终于展颜微笑,并认为,这是他这一趟探险当中,最好的收获。

【生涯热身】

生活方式是指,包括人们在衣、食、住、行、劳动、工作、休息娱乐、社交等方面所表现出来的行为方式和生活习惯,反映了人们的价值观、审美观和道德观。每个人喜欢的生活方式是不一样的,下面是一个生活方式的小测验,看看你期望的生活方式是怎样的。

请对每种生活形态进行评价,如果这种生活形态对你很重要,就在"很重要"的选项里画"√";若你觉得重要程度是中等,就在"比较重要"的栏内打"√";若你觉得它只是稍微有点重要,就在"有点重要"的栏内打"√";若它对你而言,一点也不重要,就在"不重要"的栏内打"√"。

表6-2　生活方式表

生活形态项目	很重要	比较重要	有点重要	不重要
住在宁静的乡村				
工作富有挑战性、创造性				
有崇高的社会声望				
能自由支配金钱				
有充裕的业余时间做自己感兴趣的事				
住在都市				
积极参加社区活动				
居住在文化水平较高的地方				
经常旅行,拓宽视野				
居住在小孩上学方便的地方				
每天有固定的时间和家人相处				
可自由支配自己的时间				

续表

生活形态项目	很重要	比较重要	有点重要	不重要
每天准时下班				
担任主管职务				
拥有宽敞、舒适的生活空间				
工作安定有保障				
拥有较高的经济收入				
和朋友保持密切往来				
和父母住在一起				
每月有固定的储蓄				
固定居住在某个地方				
随时吸收新知识、充实自己				
和爱人、子女住在一起				
调配时间督导子女的作业				
和家人共享假期				
每天运动,锻炼身体				
工作之余参加社团活动				
能密切配合工作伙伴				
竭尽自己所能、参与社区服务				

哪些生活形态对你来说是重要的呢？请把它们列出来：

你已经了解了自己最看重怎样的生活形态,现在请为你的未来生活编一个200~300字的生动、积极、快乐的故事。其中要体现你最想要的生活方式、你最珍视的价值观,请将故事写在下面的横线上。

你的故事:

_____

_____

_____

_____

分享:把自己的故事与其他小组成员分享。

【生涯体验】

小林,一名平面设计师。年前,他通过应聘,正式成为了一名平面设计师,获得了他一直向往的工作。他怀揣着梦想踏上了岗位,并饱含热情地工作着,每天他都感觉很充实,积极地完成上级交给的任务,努力完成好每个设计,并经常与公司的同事探讨业务,这一切,他都觉得很幸福,并认为这样的状态会一直持续下去。

可是,日子一天天过去。小林发现,每天重复着类似的工作:版面编排、设计、制图……并不是他所想的那么有新意。渐渐地,一年过去了,他开始有些厌倦,并丧失了原有的热情,而且经常烦躁,易怒,对同事也变得冷漠;同时,设计时也经常找不到灵感,有时,设计出来的效果又达不到预期目标,他便开始怀疑自己的能力。再加上新设计师的薪水与其他资深设计师的差距,让他有些失望,他甚至想换工作。

无奈之下,他只好找朋友倾诉。到底是什么原因影响了他的工作幸福感,他自己一头雾水。同学们,你们能帮他分析分析,并给他支支招吗?

讨论:

1.小林就职过程中,哪些方面与自己的期待不一致?

2.如果你是小林,你将会如何调整自己,重获幸福呢?

3.针对同学们所选的职业,分别说说,你们的职业会遇到哪些职业因素与自己的幸福期待不一致?当这些情况发生时,我们如何维持幸福?

【生涯认知】

幸福,是指一个人的状态得到改进而产生喜悦、满足和感恩、富足的心理感受。它不等同于快乐、快感,不是短暂的、易逝的,而是一种长久的、内在的、坚定的心理状态。当今社会,由于资源相对短缺和竞争加剧以及现代生活节奏加快,人们的各种压力大大增加,这一切都强有力地影响着人们的幸福感。

高中阶段是生涯发展探索和成为社会人的准备期,高中不仅面临高考压力,而且还要选择今后进入的大学、专业。然而,当前的现状是:学生、家长、教师和社会往往只注重学业成绩,忽视了学生能力和良好个性的培养,导致学生的自主选择能力和自主发展意识薄弱。很多同学对未来感到迷茫、困惑,不知如何发展自己。如果现在就早做准备,学习一些关于快乐工作和快乐生活的常识,将会避免或减少未来的职业倦怠,能够在生活中寻找幸福感和满足感。

"快乐工作、幸福生活"是我们人生的最高理想。快乐工作就能幸福生活吗? 未必。但幸福生活绝对离不开快乐工作,它是幸福生活的前提,是我们人生的必修课。所谓职业幸福感,是指主体在从事某一职业时基于需要得到满足、潜能得到发挥、力量得以增长所获得的持续快乐体验。在工作中,获得短暂的快乐很容易,但要持续的幸福,却要有策略地努力和充足的准备。

如何提升职工幸福感

1.企业单位应在潜移默化中营造人文关怀

所谓的人文关怀,就是要更多地去关心企业单位的员工,用激励创造奇迹。如果把管理比作一个深邃的山洞,激励应该是探索山洞时的一盏明灯。这盏明灯让黑暗中藏匿的珠宝发出了光芒,在激励的作用下,员工更加自信,创造性地开展工作;员工更加努力,取长补短,不断完善自我。

2.优秀的企业文化能提升职工的幸福指数

职工的幸福感不仅来源于物质,还要有一个好的企业文化。使职工产生积极性和创造性的重要因素是,将职工个人的发展与企业未来的发展统一起来,使职工在企业的发展中得到个人的进步,获得个人奋斗的动力与团结合作的快乐,而要做到这些,就需要一种积极、奋进、向上、和谐的企业文化。一个和谐的企业文化能让职工在幸福中工作。

3.职工

对于职工来说,幸福应该是人生的主题,只有感到幸福的人,其人生才是快乐和阳光的,追求幸福是每个人的毕生所求、所愿。但其实什么是幸福,永远没有一个统一的界定,相同的生活境遇,在有些人眼中会倍感幸福,充满感恩;在有些人眼中或许会深感痛苦,充满沮丧,不同的幸福感和幸福观都取决于不同人的生活态度、价值观和心态。

(1)职业幸福感来源于和谐温馨的团队。

个人职业中是否具有幸福感,最主要的是处在一个什么样的团队中,及融入团队的程度。一个和谐温馨的团队能让人产生一种凝聚力,发挥团队成员的爱好特长,将个人的能力发挥到极致,达到 $1+1>2$ 的效果,达到"圆满完成任务,高度实践过程"的目的。同时,好的团队不但有融洽的同事关系,干群关系的和谐,管理者的融入程度是至关重要的,好的管理者能积极参与团队的建设,能调动团队成员的积极性,能发挥模范带头作用,以自己的人格魅力影响着和谐的团队,影响着团队成员之间的和谐相处,影响着每一位职工的职业幸福感。

(2)职业幸福感来源于自我的成长和自我价值的实现。

俗话说"不想当将军的士兵不是好士兵",不一定很对,但当不好士兵的将军一定不会成为好将军,所以要在普通的岗位上努力去做,用心去做。

(3)职业幸福感来源于自己,怀着一颗感恩的心,知足常乐。

生活中,值得我们敬重与感激的人或物很多。之所以有人总觉得生活在亏待自己,是因为过分地强调了自我,弱化了别人的存在。"人生不如意事十有八九,常想一二",这是一种达观的人生态度,是知足常乐的心态。带着欣赏、宽容的眼光去看待周围的人或事,会发现生活是如此美好;反之,总是埋怨、指责、敌视、不满,会让自己的心情变得很糟糕,自然是没有幸福感的。

职业幸福感,是每一个企业人都想要的,因为职工拥有了幸福感,其工作的积极性和创造性就能更好地发挥,在一定程度上企业也能得到很好的发展。

【生涯体验】

1.李佳终于盼到了放假。她像出笼的小鸟一样自由,开心极了。终于可以痛痛快快地玩了!看电视、睡大觉、看小说……但不到一个礼拜她就厌倦了。平时,她老是抱怨学习太紧张,没有时间玩。可真到了暑假、寒假,有了大量的闲暇时间,她又感到无聊透顶,除了看电视、听流行歌曲外,就再也想不出干什么来打发时间,只盼望着早点开学。

2.每逢春游、秋游,王凯和同学都吵着要到远一点的地方去,最好出城,到外面过一夜。但真到了风景区,他们往往把塑料布往地上一铺,女生们吃零食、聊天,男生们打扑克,不去赏花,也不去看云,仿佛郊游就是为了去吃东西、打扑克的。

讨论并分享:

1.上面同学出现的情况,你有没有?

2.一年之中,除了学习以外,完全由自己自由支配的时间有多少? 一天之中,这种时间又有多少? 你是如何度过这些时间的?

3.度过这些时间之后,你有什么感受?是充实、快乐,还是空虚、无聊?

【生涯认知】

休闲是我们对闲暇时间的利用,是一种新的社会生活方式。休闲的方式很多,休闲大致有两类,一类叫作积极休闲,一类叫作消极休闲。积极休闲包括旅游,度假,文化、体育活动,看电影、吃饭,甚至包括逛街。消极休闲,包括睡觉、喝酒、打麻将、玩游戏等。我们应该学会选择积极的休闲方式,让自己学会休闲,享受生活。

优质休闲

对于休闲的理解,仁者见仁,智者见智。休闲是人类生存的一种良好状态,是21世纪人们生活的一种重要特征。优质的休闲对个人生活甚至社会发展都十分重要,休闲可以促使生活在世界上的人们更好地互相理解,和平共处。那何谓优质的休闲呢?

(一)优质休闲会以选择性的架构成长

优质的休闲会持续进化,它不是随机的,但会依照参与者所给予的条件来成长或改变。例如,弹吉他并不是一成不变的活动,它会不断变化,以弹奏者的自我能力与精神所塑造的方向来发展。

(二)优质休闲会朝复杂化发展

随着我们在休闲活动与生活中的不断持续,我们对于活动的回应也会随之增加;我们的鉴赏力更加复杂,通过对休闲活动有更多的了解,知识也更加丰富,会进一步提升我们的愉悦感。

(三)优质休闲会持续产生重要性、意义以及爱

当你持续进行休闲活动时,它们在你生命中会变得越来越重要,产生更深远的意义,且在琐事中为你提供一个避风港。同时它们让你更有能力去爱,这些对于一些休闲活动的爱很容易转化为生命的喜爱。

(四)优质休闲会产生独特性与奇特性

优质休闲使你与他人有明显的区别,让你更了解自己,让你拥有自己独特的行事风格与生活格调。

(五)优质休闲包含愉悦的付出

在优质休闲活动中,人们不是来获得利益的,而是来付出的,也就是说一个人以愉悦的方式付出,而非想要从休闲经验中获取利益。

(六)优质休闲会朝着直觉的、感动的与信任的方向前进

当休闲的品质不断提升时,我们会由一开始就必须找特定的理由来进行休闲(我做有氧运动是为了维持身材并保持健康),进而变为以直觉进行休闲(如我真的喜欢跳舞)。

(七)优质休闲包含技巧与挑战

(八)优质休闲需要一个人以愉悦的心情接受自我的生活

要有优质的休闲,人们需要先相信它的生活是好的,并以愉悦的心情接受。

休闲不是歇着,我们的生活本来丰富多彩。但由于我们总是行色匆匆、无暇顾及,久而久之就感到生活枯燥无味。让我们从中学阶段开始,学会休闲,致力于培养自己的优质休闲,带着享受的心态去面对生活吧!

【生涯实践】

经过课程的学习,你对休闲活动有了一些了解。你是否曾想过,将来要如何安排休闲活动来丰富自己的生活呢?

请利用课余时间对家长、亲友、师长进行访谈,看看过来人的经验,然后对自己未来的休闲生活进行规划。

表6-3　休闲达人专访

受访者姓名		访问日期	
受访者年龄		与受访者的关系	
受访者学历		受访者职业	
访问要点		内容摘要	
青少年时期做些什么休闲活动 当时是如何安排的			
现在常做什么休闲活动 原因是什么			
对现在的休闲生活满意吗 为什么			

续表

访问要点	内容摘要
青少年时期所从事的休闲活动对现在的休闲方式、生活有何影响	
自己所进行的休闲活动,对家人会造成什么样的影响	
对青少年安排休闲生活的建议是什么	
其他	

讨论

受访者的休闲活动经验给了你怎样的启示?

你认为休闲方式或内容,对一个人的生活会有什么影响?

参考文献

[1]吴志兰.中学生职业规划[M].北京:中国市场出版社,2010.

[2]曾庆伟.高中学生发展指导[M].济南:山东教育出版社,2017.

[3]林甲针,陈如优.高中生职业生涯规划与班级团体辅导[M].福州:福建教育出版社,2015.

[4]谢员.青少年生涯辅导活动设计[M].武汉:华中师范大学出版社,2014.

[5]王政忠,陈璐.绘出生命的彩虹:高中生生涯规划指导[M].广州:华南理工大学出版社,2017.

[6]吴才智,陈国平.生涯规划与管理(高中版)[M].重庆:重庆大学出版社,2017.

[7]程雪峰,缪仁票,潘怡红等.智慧走人生高中生生涯规划[M].杭州:浙江教育出版社,2015.